D1799540

Daily Planner

THIS BOOK BELONGS TO

_____

_____

Published by Michael Green Press

Daily Planner

DATE:_____

(M) (T) (W) (T) (F) (S) (S)

TO DO LIST

- _____
- _____
- _____
- _____
- _____
- _____
- _____
- _____
- _____

IMPORTANT TIMES

- _____
- _____
- _____
- _____
- _____
- _____

MEAL PLANNER

BREAKFAST	
LUNCH	
DINNER	

✦ MY GOALS ✦

_____
_____
_____
_____
_____
_____
_____

TODAY

I AM THANKING FOR

Daily Planner

DATE:_____

(M) (T) (W) (T) (F) (S) (S)

TO DO LIST

-
-
-
-
-
-
-
-
-

IMPORTANT TIMES

MEAL PLANNER

BREAKFAST	
LUNCH	
DINNER	

⇾ MY GOALS ⇽

TODAY
I AM THANKING FOR

Daily Planner

DATE:_____

(M) (T) (W) (T) (F) (S) (S)

TO DO LIST

- ▪ _____
- ▪ _____
- ▪ _____
- ▪ _____
- ▪ _____
- ▪ _____
- ▪ _____
- ▪ _____
- ▪ _____

IMPORTANT TIMES

- •
- •
- •
- •
- •
- •

MEAL PLANNER

BREAKFAST	
LUNCH	
DINNER	

⤞ MY GOALS ⤝

_____
_____
_____
_____
_____
_____

TODAY
I AM THANKING FOR

Daily Planner

DATE:_____

(M) (T) (W) (T) (F) (S) (S)

TO DO LIST

- ☐ _____
- ☐ _____
- ☐ _____
- ☐ _____
- ☐ _____
- ☐ _____
- ☐ _____
- ☐ _____
- ☐ _____

IMPORTANT TIMES

- • _____
- • _____
- • _____
- • _____
- • _____
- • _____

MEAL PLANNER

BREAKFAST	
LUNCH	
DINNER	

✦ MY GOALS ✦

_____
_____
_____
_____
_____
_____
_____

TODAY
I AM THANKING FOR

Daily Planner

DATE;_____

(M) (T) (W) (T) (F) (S) (S)

TO DO LIST

- _____
- _____
- _____
- _____
- _____
- _____
- _____
- _____
- _____

IMPORTANT TIMES

MEAL PLANNER

BREAKFAST	
LUNCH	
DINNER	

⤝ MY GOALS ⤞

TODAY

I AM THANKING FOR

Daily Planner

DATE:_____

(M) (T) (W) (T) (F) (S) (S)

TO DO LIST

- ☐ _____
- ☐ _____
- ☐ _____
- ☐ _____
- ☐ _____
- ☐ _____
- ☐ _____
- ☐ _____
- ☐ _____

IMPORTANT TIMES

MEAL PLANNER

BREAKFAST	
LUNCH	
DINNER	

⟩ MY GOALS ⟨

TODAY
I AM THANKING FOR

Daily Planner

DATE:_____

(M) (T) (W) (T) (F) (S) (S)

TO DO LIST

- ■ _____
- ■ _____
- ■ _____
- ■ _____
- ■ _____
- ■ _____
- ■ _____
- ■ _____
- ■ _____

IMPORTANT TIMES

MEAL PLANNER

BREAKFAST	
LUNCH	
DINNER	

✦ MY GOALS ✦

_____
_____
_____
_____
_____
_____
_____

TODAY
I AM THANKING FOR

Daily Planner

DATE;_____

(M) (T) (W) (T) (F) (S) (S)

TO DO LIST

- _____
- _____
- _____
- _____
- _____
- _____
- _____
- _____
- _____

IMPORTANT TIMES

:
:
:
:
:
:
:

MEAL PLANNER

BREAKFAST	
LUNCH	
DINNER	

✦ MY GOALS ✦

_____
_____
_____
_____
_____
_____

TODAY
I AM THANKING FOR

Daily Planner

DATE: _____

Ⓜ Ⓣ Ⓦ Ⓣ Ⓕ Ⓢ Ⓢ

TO DO LIST

- ☐ _____
- ☐ _____
- ☐ _____
- ☐ _____
- ☐ _____
- ☐ _____
- ☐ _____
- ☐ _____

IMPORTANT TIMES

_____
_____
_____
_____
_____
_____

MEAL PLANNER

BREAKFAST	
LUNCH	
DINNER	

✦ MY GOALS ✦

_____
_____
_____
_____
_____
_____
_____

TODAY
I AM THANKING FOR

Daily Planner

DATE;_____

(M) (T) (W) (T) (F) (S) (S)

TO DO LIST

-
-
-
-
-
-
-
-

IMPORTANT TIMES

MEAL PLANNER

BREAKFAST	
LUNCH	
DINNER	

✦ MY GOALS ✦

TODAY
I AM THANKING FOR

Daily Planner

DATE: _____

(M) (T) (W) (T) (F) (S) (S)

TO DO LIST

- _____
- _____
- _____
- _____
- _____
- _____
- _____
- _____
- _____
- _____

IMPORTANT TIMES

- _____
- _____
- _____
- _____
- _____
- _____

MEAL PLANNER

BREAKFAST	
LUNCH	
DINNER	

✦ MY GOALS ✦

_____
_____
_____
_____
_____
_____
_____

TODAY I AM THANKING FOR

Daily Planner

DATE: _____

(M) (T) (W) (T) (F) (S) (S)

TO DO LIST

- _____
- _____
- _____
- _____
- _____
- _____
- _____
- _____
- _____

IMPORTANT TIMES

. _____
. _____
. _____
. _____
. _____
. _____

MEAL PLANNER

BREAKFAST	
LUNCH	
DINNER	

⤝ MY GOALS ⤞

_____
_____
_____
_____
_____
_____
_____

TODAY
I AM THANKING FOR

Daily Planner

DATE: _____

(M) (T) (W) (T) (F) (S) (S)

TO DO LIST

- ▪ _____
- ▪ _____
- ▪ _____
- ▪ _____
- ▪ _____
- ▪ _____
- ▪ _____
- ▪ _____
- ▪ _____

IMPORTANT TIMES

MEAL PLANNER

BREAKFAST	
LUNCH	
DINNER	

✦ MY GOALS ✦

TODAY
I AM THANKING FOR

Daily Planner

DATE;_____

(M) (T) (W) (T) (F) (S) (S)

TO DO LIST

- ☐ _____
- ☐ _____
- ☐ _____
- ☐ _____
- ☐ _____
- ☐ _____
- ☐ _____
- ☐ _____
- ☐ _____

IMPORTANT TIMES

MEAL PLANNER

BREAKFAST	
LUNCH	
DINNER	

✦ MY GOALS ✦

TODAY
I AM THANKING FOR

Daily Planner

DATE: _____

(M) (T) (W) (T) (F) (S) (S)

TO DO LIST

- ■ _____
- ■ _____
- ■ _____
- ■ _____
- ■ _____
- ■ _____
- ■ _____
- ■ _____
- ■ _____

IMPORTANT TIMES

MEAL PLANNER

BREAKFAST	
LUNCH	
DINNER	

✦ MY GOALS ✦

TODAY
I AM THANKING FOR

Daily Planner

DATE:_____

(M) (T) (W) (T) (F) (S) (S)

TO DO LIST

- _____
- _____
- _____
- _____
- _____
- _____
- _____
- _____
- _____

IMPORTANT TIMES

MEAL PLANNER

BREAKFAST	
LUNCH	
DINNER	

✦ MY GOALS ✦

_____
_____
_____
_____
_____
_____

TODAY
I AM THANKING FOR

Daily Planner

DATE:_____

Ⓜ Ⓣ Ⓦ Ⓣ Ⓕ Ⓢ Ⓢ

TO DO LIST

■ _____
■ _____
■ _____
■ _____
■ _____
■ _____
■ _____
■ _____
■ _____

IMPORTANT TIMES

_____
_____
_____
_____
_____
_____

MEAL PLANNER

BREAKFAST	
LUNCH	
DINNER	

✦ MY GOALS ✦

_____
_____
_____
_____
_____
_____

TODAY
I AM THANKING FOR

Daily Planner

DATE: _____

(M) (T) (W) (T) (F) (S) (S)

TO DO LIST

- ☐ _____
- ☐ _____
- ☐ _____
- ☐ _____
- ☐ _____
- ☐ _____
- ☐ _____
- ☐ _____
- ☐ _____

IMPORTANT TIMES

MEAL PLANNER

BREAKFAST	
LUNCH	
DINNER	

✦ MY GOALS ✦

_____
_____
_____
_____
_____
_____
_____

TODAY
I AM THANKING FOR

Daily Planner

DATE:_____

(M) (T) (W) (T) (F) (S) (S)

TO DO LIST

- _____
- _____
- _____
- _____
- _____
- _____
- _____
- _____
- _____

IMPORTANT TIMES

- _____
- _____
- _____
- _____
- _____
- _____

MEAL PLANNER

BREAKFAST	
LUNCH	
DINNER	

⊰ MY GOALS ⊱

_____
_____
_____
_____
_____
_____
_____

TODAY
I AM THANKING FOR

Daily Planner

DATE; _____

(M) (T) (W) (T) (F) (S) (S)

TO DO LIST

- ■ _____
- ■ _____
- ■ _____
- ■ _____
- ■ _____
- ■ _____
- ■ _____
- ■ _____
- ■ _____

IMPORTANT TIMES

MEAL PLANNER

BREAKFAST

LUNCH

DINNER

⤙ MY GOALS ⤚

TODAY
I AM THANKING FOR

Daily Planner

DATE: _____

(M) (T) (W) (T) (F) (S) (S)

TO DO LIST

- _____
- _____
- _____
- _____
- _____
- _____
- _____
- _____
- _____

IMPORTANT TIMES

MEAL PLANNER

BREAKFAST	
LUNCH	
DINNER	

✦ MY GOALS ✦

_____
_____
_____
_____
_____
_____

TODAY
I AM THANKING FOR

Daily Planner

DATE:_____
(M) (T) (W) (T) (F) (S) (S)

TO DO LIST

- ☐ _____
- ☐ _____
- ☐ _____
- ☐ _____
- ☐ _____
- ☐ _____
- ☐ _____
- ☐ _____
- ☐ _____

IMPORTANT TIMES

_____
_____
_____
_____
_____
_____

MEAL PLANNER

BREAKFAST	
LUNCH	
DINNER	

⇥ MY GOALS ⇤

_____
_____
_____
_____
_____
_____

TODAY
I AM THANKING FOR

Daily Planner

DATE: _____

(M) (T) (W) (T) (F) (S) (S)

TO DO LIST

- ■ _____
- ■ _____
- ■ _____
- ■ _____
- ■ _____
- ■ _____
- ■ _____
- ■ _____
- ■ _____

✦ MY GOALS ✦

_____
_____
_____
_____
_____
_____
_____

IMPORTANT TIMES

•
•
•
•
•
•

MEAL PLANNER

BREAKFAST	
LUNCH	
DINNER	

TODAY
I AM THANKING FOR

Daily Planner

DATE;_____

(M) (T) (W) (T) (F) (S) (S)

TO DO LIST

- ■
- ■
- ■
- ■
- ■
- ■
- ■
- ■
- ■

IMPORTANT TIMES

MEAL PLANNER

BREAKFAST	
LUNCH	
DINNER	

⤜ MY GOALS ⤛

TODAY
I AM THANKING FOR

Daily Planner

DATE:_____

(M) (T) (W) (T) (F) (S) (S)

TO DO LIST

- _____
- _____
- _____
- _____
- _____
- _____
- _____
- _____
- _____
- _____

IMPORTANT TIMES

MEAL PLANNER

BREAKFAST

LUNCH

DINNER

✦ MY GOALS ✦

TODAY
I AM THANKING FOR

Daily Planner

DATE:_____

(M) (T) (W) (T) (F) (S) (S)

TO DO LIST

- ■
- ■
- ■
- ■
- ■
- ■
- ■
- ■
- ■

IMPORTANT TIMES

MEAL PLANNER

BREAKFAST	
LUNCH	
DINNER	

⊰ MY GOALS ⊱

TODAY
I AM THANKING FOR

Daily Planner

DATE; _____

(M) (T) (W) (T) (F) (S) (S)

TO DO LIST

- ☐ _____
- ☐ _____
- ☐ _____
- ☐ _____
- ☐ _____
- ☐ _____
- ☐ _____
- ☐ _____
- ☐ _____

IMPORTANT TIMES

_____
_____
_____
_____
_____
_____

MEAL PLANNER

BREAKFAST	
LUNCH	
DINNER	

✦ MY GOALS ✦

_____
_____
_____
_____
_____
_____
_____

TODAY
I AM THANKING FOR

Daily Planner

DATE;_____

(M) (T) (W) (T) (F) (S) (S)

TO DO LIST

- ◼
- ◼
- ◼
- ◼
- ◼
- ◼
- ◼
- ◼
- ◼
- ◼

IMPORTANT TIMES

MEAL PLANNER

BREAKFAST	
LUNCH	
DINNER	

✦ MY GOALS ✦

TODAY
I AM THANKING FOR

Daily Planner

DATE:_____

(M) (T) (W) (T) (F) (S) (S)

TO DO LIST

- ▪
- ▪
- ▪
- ▪
- ▪
- ▪
- ▪
- ▪
- ▪

IMPORTANT TIMES

MEAL PLANNER

BREAKFAST	
LUNCH	
DINNER	

⇀ MY GOALS ↽

TODAY
I AM THANKING FOR

Daily Planner

DATE: _____

(M) (T) (W) (T) (F) (S) (S)

TO DO LIST

- ☐ _____
- ☐ _____
- ☐ _____
- ☐ _____
- ☐ _____
- ☐ _____
- ☐ _____
- ☐ _____
- ☐ _____

IMPORTANT TIMES

- _____
- _____
- _____
- _____
- _____

MEAL PLANNER

BREAKFAST	
LUNCH	
DINNER	

⇝ MY GOALS ⇜

_____
_____
_____
_____
_____
_____
_____

TODAY
I AM THANKING FOR

Daily Planner

DATE: _____

(M) (T) (W) (T) (F) (S) (S)

TO DO LIST

- _____
- _____
- _____
- _____
- _____
- _____
- _____
- _____
- _____

IMPORTANT TIMES

- _____
- _____
- _____
- _____
- _____
- _____

MEAL PLANNER

BREAKFAST	
LUNCH	
DINNER	

✦ MY GOALS ✦

_____
_____
_____
_____
_____
_____
_____

TODAY
I AM THANKING FOR

Daily Planner

DATE; _____

(M) (T) (W) (T) (F) (S) (S)

TO DO LIST

- ■ _____
- ■ _____
- ■ _____
- ■ _____
- ■ _____
- ■ _____
- ■ _____
- ■ _____
- ■ _____

IMPORTANT TIMES

- • _____
- • _____
- • _____
- • _____
- • _____
- • _____

MEAL PLANNER

BREAKFAST	
LUNCH	
DINNER	

❖ MY GOALS ❖

_____
_____
_____
_____
_____
_____
_____

TODAY
I AM THANKING FOR

Daily Planner

DATE:_____

(M) (T) (W) (T) (F) (S) (S)

TO DO LIST

- _____
- _____
- _____
- _____
- _____
- _____
- _____
- _____
- _____

IMPORTANT TIMES

MEAL PLANNER

BREAKFAST	
LUNCH	
DINNER	

✦ MY GOALS ✦

_____
_____
_____
_____
_____
_____
_____

TODAY
I AM THANKING FOR

Daily Planner

DATE;_____

(M) (T) (W) (T) (F) (S) (S)

TO DO LIST

- _____
- _____
- _____
- _____
- _____
- _____
- _____
- _____
- _____

IMPORTANT TIMES

- _____
- _____
- _____
- _____
- _____

MEAL PLANNER

BREAKFAST	
LUNCH	
DINNER	

⤝ MY GOALS ⤞

_____
_____
_____
_____
_____
_____
_____

TODAY
I AM THANKING FOR

Daily Planner

DATE: _____

(M) (T) (W) (T) (F) (S) (S)

TO DO LIST

- _____
- _____
- _____
- _____
- _____
- _____
- _____
- _____
- _____

IMPORTANT TIMES

· _____
· _____
· _____
· _____
· _____
· _____

MEAL PLANNER

BREAKFAST	
LUNCH	
DINNER	

✦ MY GOALS ✦

_____
_____
_____
_____
_____
_____
_____

TODAY
I AM THANKING FOR

Daily Planner

DATE;_____

(M) (T) (W) (T) (F) (S) (S)

TO DO LIST

- ☐ _____
- ☐ _____
- ☐ _____
- ☐ _____
- ☐ _____
- ☐ _____
- ☐ _____
- ☐ _____
- ☐ _____

IMPORTANT TIMES

- : _____
- : _____
- : _____
- : _____
- : _____
- : _____

MEAL PLANNER

BREAKFAST	
LUNCH	
DINNER	

⤞ MY GOALS ⤝

_____
_____
_____
_____
_____
_____
_____

TODAY
I AM THANKING FOR

Daily Planner

DATE:_____

(M) (T) (W) (T) (F) (S) (S)

TO DO LIST

- ☐ _____
- ☐ _____
- ☐ _____
- ☐ _____
- ☐ _____
- ☐ _____
- ☐ _____
- ☐ _____
- ☐ _____

IMPORTANT TIMES

- •
- •
- •
- •
- •

MEAL PLANNER

BREAKFAST	
LUNCH	
DINNER	

⤜ MY GOALS ⤛

_____
_____
_____
_____
_____
_____

TODAY
I AM THANKING FOR

Daily Planner

DATE:_____

(M) (T) (W) (T) (F) (S) (S)

TO DO LIST

- _____
- _____
- _____
- _____
- _____
- _____
- _____
- _____
- _____

IMPORTANT TIMES

_____
_____
_____
_____
_____
_____

MEAL PLANNER

BREAKFAST	
LUNCH	
DINNER	

✦ MY GOALS ✦

_____
_____
_____
_____
_____
_____
_____

TODAY I AM THANKING FOR

Daily Planner

DATE:
M T W T F S S

TO DO LIST

-
-
-
-
-
-
-
-
-

IMPORTANT TIMES

MEAL PLANNER

BREAKFAST	
LUNCH	
DINNER	

✦ MY GOALS ✦

TODAY
I AM THANKING FOR

Daily Planner

DATE;_____

(M) (T) (W) (T) (F) (S) (S)

TO DO LIST

- ■ _____
- ■ _____
- ■ _____
- ■ _____
- ■ _____
- ■ _____
- ■ _____
- ■ _____
- ■ _____

IMPORTANT TIMES

MEAL PLANNER

BREAKFAST	
LUNCH	
DINNER	

⤜ MY GOALS ⤛

TODAY
I AM THANKING FOR

Daily Planner

DATE:_____

(M) (T) (W) (T) (F) (S) (S)

TO DO LIST

- _____
- _____
- _____
- _____
- _____
- _____
- _____
- _____
- _____

IMPORTANT TIMES

_____
_____
_____
_____
_____
_____

MEAL PLANNER

BREAKFAST	
LUNCH	
DINNER	

✦ MY GOALS ✦

_____
_____
_____
_____
_____
_____
_____

TODAY
I AM THANKING FOR

Daily Planner

DATE;_____

(M) (T) (W) (T) (F) (S) (S)

TO DO LIST

- _____
- _____
- _____
- _____
- _____
- _____
- _____
- _____
- _____

IMPORTANT TIMES

- _____
- _____
- _____
- _____
- _____
- _____

MEAL PLANNER

BREAKFAST	
LUNCH	
DINNER	

✦ MY GOALS ✦

_____
_____
_____
_____
_____
_____

TODAY
I AM THANKING FOR

Daily Planner

DATE: _____
(M) (T) (W) (T) (F) (S) (S)

TO DO LIST

- ☐ _____
- ☐ _____
- ☐ _____
- ☐ _____
- ☐ _____
- ☐ _____
- ☐ _____
- ☐ _____
- ☐ _____

IMPORTANT TIMES

: _____
: _____
: _____
: _____
: _____

MEAL PLANNER

BREAKFAST	
LUNCH	
DINNER	

✦ MY GOALS ✦

_____
_____
_____
_____
_____
_____

TODAY
I AM THANKING FOR

Daily Planner

DATE;_____

(M) (T) (W) (T) (F) (S) (S)

TO DO LIST

- ☐ _____
- ☐ _____
- ☐ _____
- ☐ _____
- ☐ _____
- ☐ _____
- ☐ _____
- ☐ _____
- ☐ _____

IMPORTANT TIMES

_____
_____
_____
_____
_____
_____

MEAL PLANNER

BREAKFAST	
LUNCH	
DINNER	

✦ MY GOALS ✦

_____
_____
_____
_____
_____
_____

TODAY
I AM THANKING FOR

Daily Planner

DATE: _____

(M) (T) (W) (T) (F) (S) (S)

TO DO LIST

- _____
- _____
- _____
- _____
- _____
- _____
- _____
- _____
- _____

IMPORTANT TIMES

_____
_____
_____
_____
_____
_____

MEAL PLANNER

BREAKFAST	
LUNCH	
DINNER	

⤜ MY GOALS ⤛

_____
_____
_____
_____
_____
_____
_____

TODAY
I AM THANKING FOR

Daily Planner

DATE;_____

Ⓜ Ⓣ Ⓦ Ⓣ Ⓕ Ⓢ Ⓢ

TO DO LIST

- ■ _____
- ■ _____
- ■ _____
- ■ _____
- ■ _____
- ■ _____
- ■ _____
- ■ _____
- ■ _____

IMPORTANT TIMES

MEAL PLANNER

BREAKFAST	
LUNCH	
DINNER	

✦ MY GOALS ✦

TODAY
I AM THANKING FOR

Daily Planner

DATE: _____

(M) (T) (W) (T) (F) (S) (S)

TO DO LIST

- ☐ _____
- ☐ _____
- ☐ _____
- ☐ _____
- ☐ _____
- ☐ _____
- ☐ _____
- ☐ _____
- ☐ _____

IMPORTANT TIMES

- : _____
- : _____
- : _____
- : _____
- : _____
- : _____

MEAL PLANNER

BREAKFAST	
LUNCH	
DINNER	

✦ MY GOALS ✦

_____
_____
_____
_____
_____
_____
_____

TODAY
I AM THANKING FOR

Daily Planner

DATE:_____

(M) (T) (W) (T) (F) (S) (S)

TO DO LIST

- _____
- _____
- _____
- _____
- _____
- _____
- _____
- _____
- _____

IMPORTANT TIMES

- _____
- _____
- _____
- _____
- _____
- _____

MEAL PLANNER

BREAKFAST

LUNCH

DINNER

✦ MY GOALS ✦

_____
_____
_____
_____
_____
_____

TODAY
I AM THANKING FOR

Daily Planner

DATE:_____

(M) (T) (W) (T) (F) (S) (S)

TO DO LIST

- _____
- _____
- _____
- _____
- _____
- _____
- _____
- _____
- _____

⤜ MY GOALS ⤛

_____
_____
_____
_____
_____
_____
_____

IMPORTANT TIMES

:
:
:
:
:
:

MEAL PLANNER

BREAKFAST	
LUNCH	
DINNER	

TODAY
I AM THANKING FOR

Daily Planner

DATE: _____

Ⓜ Ⓣ Ⓦ Ⓣ Ⓕ Ⓢ Ⓢ

TO DO LIST

- ☐ _____
- ☐ _____
- ☐ _____
- ☐ _____
- ☐ _____
- ☐ _____
- ☐ _____
- ☐ _____
- ☐ _____

IMPORTANT TIMES

_____
_____
_____
_____
_____
_____

MEAL PLANNER

BREAKFAST	
LUNCH	
DINNER	

✦ MY GOALS ✦

_____
_____
_____
_____
_____
_____
_____

TODAY
I AM THANKING FOR

Daily Planner

DATE:_____

(M) (T) (W) (T) (F) (S) (S)

TO DO LIST

- ☐ _____
- ☐ _____
- ☐ _____
- ☐ _____
- ☐ _____
- ☐ _____
- ☐ _____
- ☐ _____
- ☐ _____

IMPORTANT TIMES

- • _____
- • _____
- • _____
- • _____
- • _____
- • _____

MEAL PLANNER

BREAKFAST

LUNCH

DINNER

✦ MY GOALS ✦

_____
_____
_____
_____
_____
_____

TODAY
I AM THANKING FOR

Daily Planner

DATE;_____

(M) (T) (W) (T) (F) (S) (S)

TO DO LIST

- _____
- _____
- _____
- _____
- _____
- _____
- _____
- _____
- _____

IMPORTANT TIMES

MEAL PLANNER

BREAKFAST	
LUNCH	
DINNER	

⤜ MY GOALS ⤛

_____
_____
_____
_____
_____
_____
_____

TODAY
I AM THANKING FOR

Daily Planner

DATE:_____

(M) (T) (W) (T) (F) (S) (S)

TO DO LIST

■
■
■
■
■
■
■
■
■

IMPORTANT TIMES

MEAL PLANNER

BREAKFAST	
LUNCH	
DINNER	

☞ MY GOALS ☜

TODAY
I AM THANKING FOR

Daily Planner

DATE: _____

(M) (T) (W) (T) (F) (S) (S)

TO DO LIST

- _____
- _____
- _____
- _____
- _____
- _____
- _____
- _____
- _____

IMPORTANT TIMES

.
.
.
.
.
.

MEAL PLANNER

BREAKFAST	
LUNCH	
DINNER	

⤳ MY GOALS ⤆

_____
_____
_____
_____
_____
_____
_____

TODAY
I AM THANKING FOR

Daily Planner

DATE: _____

(M) (T) (W) (T) (F) (S) (S)

TO DO LIST

- [ ] _____
- [ ] _____
- [ ] _____
- [ ] _____
- [ ] _____
- [ ] _____
- [ ] _____
- [ ] _____
- [ ] _____

IMPORTANT TIMES

- _____
- _____
- _____
- _____
- _____

MEAL PLANNER

BREAKFAST	
LUNCH	
DINNER	

✦ MY GOALS ✦

_____
_____
_____
_____
_____
_____

TODAY
I AM THANKING FOR

Daily Planner

DATE: _____

(M) (T) (W) (T) (F) (S) (S)

TO DO LIST

- ■ _____
- ■ _____
- ■ _____
- ■ _____
- ■ _____
- ■ _____
- ■ _____
- ■ _____
- ■ _____

IMPORTANT TIMES

_____
_____
_____
_____
_____
_____

MEAL PLANNER

BREAKFAST	
LUNCH	
DINNER	

→ MY GOALS ←

_____
_____
_____
_____
_____
_____
_____

TODAY I AM THANKING FOR

Daily Planner

DATE;_____

(M) (T) (W) (T) (F) (S) (S)

TO DO LIST

- _____
- _____
- _____
- _____
- _____
- _____
- _____
- _____
- _____

IMPORTANT TIMES

_____
_____
_____
_____
_____
_____

MEAL PLANNER

BREAKFAST	
LUNCH	
DINNER	

✦ MY GOALS ✦

_____
_____
_____
_____
_____
_____

TODAY
I AM THANKING FOR

Daily Planner

DATE:_____

(M) (T) (W) (T) (F) (S) (S)

TO DO LIST

- ☐ _____
- ☐ _____
- ☐ _____
- ☐ _____
- ☐ _____
- ☐ _____
- ☐ _____
- ☐ _____
- ☐ _____

IMPORTANT TIMES

_____
_____
_____
_____
_____
_____

MEAL PLANNER

BREAKFAST	
LUNCH	
DINNER	

✦ MY GOALS ✦

_____
_____
_____
_____
_____
_____
_____

TODAY
I AM THANKING FOR

Daily Planner

DATE: _____

(M) (T) (W) (T) (F) (S) (S)

TO DO LIST

- ☐ _____
- ☐ _____
- ☐ _____
- ☐ _____
- ☐ _____
- ☐ _____
- ☐ _____
- ☐ _____
- ☐ _____

IMPORTANT TIMES

- : _____
- : _____
- : _____
- : _____
- : _____
- : _____

MEAL PLANNER

BREAKFAST	
LUNCH	
DINNER	

✦ MY GOALS ✦

_____
_____
_____
_____
_____
_____
_____

TODAY
I AM THANKING FOR

Daily Planner

DATE;_____

(M) (T) (W) (T) (F) (S) (S)

TO DO LIST

- _____
- _____
- _____
- _____
- _____
- _____
- _____
- _____
- _____

IMPORTANT TIMES

- :
- :
- :
- :
- :
- :

MEAL PLANNER

BREAKFAST	
LUNCH	
DINNER	

⤜ MY GOALS ⤛

_____
_____
_____
_____
_____
_____

TODAY
I AM THANKING FOR

Daily Planner

DATE; _____

(M) (T) (W) (T) (F) (S) (S)

TO DO LIST

- ☐ _____
- ☐ _____
- ☐ _____
- ☐ _____
- ☐ _____
- ☐ _____
- ☐ _____
- ☐ _____

IMPORTANT TIMES

MEAL PLANNER

BREAKFAST	
LUNCH	
DINNER	

✦ MY GOALS ✦

_____
_____
_____
_____
_____
_____
_____

TODAY
I AM THANKING FOR

Daily Planner

DATE:_____

(M) (T) (W) (T) (F) (S) (S)

TO DO LIST

- ☐ _____
- ☐ _____
- ☐ _____
- ☐ _____
- ☐ _____
- ☐ _____
- ☐ _____
- ☐ _____
- ☐ _____

⤜ MY GOALS ⤛

_____
_____
_____
_____
_____
_____
_____

IMPORTANT TIMES

- • _____
- • _____
- • _____
- • _____
- • _____

MEAL PLANNER

BREAKFAST	
LUNCH	
DINNER	

TODAY
I AM THANKING FOR

Daily Planner

DATE:_____

Ⓜ Ⓣ Ⓦ Ⓣ Ⓕ Ⓢ Ⓢ

TO DO LIST

- ▪ _____
- ▪ _____
- ▪ _____
- ▪ _____
- ▪ _____
- ▪ _____
- ▪ _____
- ▪ _____
- ▪ _____

IMPORTANT TIMES

- : _____
- : _____
- : _____
- : _____
- : _____

MEAL PLANNER

BREAKFAST	
LUNCH	
DINNER	

✦ MY GOALS ✦

_____
_____
_____
_____
_____
_____

TODAY
I AM THANKING FOR

Daily Planner

DATE;

(M) (T) (W) (T) (F) (S) (S)

TO DO LIST

- ▪
- ▪
- ▪
- ▪
- ▪
- ▪
- ▪
- ▪
- ▪

IMPORTANT TIMES

:
:
:
:
:
:

MEAL PLANNER

BREAKFAST	
LUNCH	
DINNER	

⤳ MY GOALS ⤝

TODAY
I AM THANKING FOR

Daily Planner

DATE;_____

(M) (T) (W) (T) (F) (S) (S)

TO DO LIST

- ☐ _____
- ☐ _____
- ☐ _____
- ☐ _____
- ☐ _____
- ☐ _____
- ☐ _____
- ☐ _____
- ☐ _____

IMPORTANT TIMES

MEAL PLANNER

BREAKFAST	
LUNCH	
DINNER	

✦ MY GOALS ✦

_____
_____
_____
_____
_____
_____
_____

TODAY
I AM THANKING FOR

Daily Planner

DATE;_____

(M) (T) (W) (T) (F) (S) (S)

TO DO LIST

- _____
- _____
- _____
- _____
- _____
- _____
- _____
- _____
- _____

✦ MY GOALS ✦

_____
_____
_____
_____
_____
_____
_____

IMPORTANT TIMES

MEAL PLANNER

BREAKFAST	
LUNCH	
DINNER	

TODAY
I AM THANKING FOR

Daily Planner

DATE: _____

(M) (T) (W) (T) (F) (S) (S)

TO DO LIST

- ▪ _____
- ▪ _____
- ▪ _____
- ▪ _____
- ▪ _____
- ▪ _____
- ▪ _____
- ▪ _____
- ▪ _____

IMPORTANT TIMES

- : _____
- : _____
- : _____
- : _____
- : _____
- : _____

MEAL PLANNER

BREAKFAST	
LUNCH	
DINNER	

✦ MY GOALS ✦

_____
_____
_____
_____
_____
_____

TODAY
I AM THANKING FOR

Daily Planner

DATE;_____

(M) (T) (W) (T) (F) (S) (S)

TO DO LIST

- _____
- _____
- _____
- _____
- _____
- _____
- _____
- _____
- _____

IMPORTANT TIMES

- _____
- _____
- _____
- _____
- _____
- _____

MEAL PLANNER

BREAKFAST	
LUNCH	
DINNER	

MY GOALS

_____
_____
_____
_____
_____
_____
_____

TODAY
I AM THANKING FOR

Daily Planner

DATE: _____

(M) (T) (W) (T) (F) (S) (S)

TO DO LIST

- _____
- _____
- _____
- _____
- _____
- _____
- _____
- _____

IMPORTANT TIMES

MEAL PLANNER

BREAKFAST	
LUNCH	
DINNER	

✦ MY GOALS ✦

_____
_____
_____
_____
_____
_____

TODAY
I AM THANKING FOR

Daily Planner

DATE;_____

(M) (T) (W) (T) (F) (S) (S)

TO DO LIST

- ☐ _____
- ☐ _____
- ☐ _____
- ☐ _____
- ☐ _____
- ☐ _____
- ☐ _____
- ☐ _____
- ☐ _____

IMPORTANT TIMES

MEAL PLANNER

BREAKFAST	
LUNCH	
DINNER	

✦ MY GOALS ✦

TODAY
I AM THANKING FOR

Daily Planner

DATE:_____

(M) (T) (W) (T) (F) (S) (S)

TO DO LIST

- ☐ _____
- ☐ _____
- ☐ _____
- ☐ _____
- ☐ _____
- ☐ _____
- ☐ _____
- ☐ _____
- ☐ _____

IMPORTANT TIMES

MEAL PLANNER

BREAKFAST	
LUNCH	
DINNER	

✧ MY GOALS ✧

_____
_____
_____
_____
_____
_____
_____

TODAY
I AM THANKING FOR

Daily Planner

DATE;_____

(M) (T) (W) (T) (F) (S) (S)

TO DO LIST

- ■ _____
- ■ _____
- ■ _____
- ■ _____
- ■ _____
- ■ _____
- ■ _____
- ■ _____
- ■ _____

IMPORTANT TIMES

MEAL PLANNER

BREAKFAST	
LUNCH	
DINNER	

⤚ MY GOALS ⤙

TODAY
I AM THANKING FOR

Daily Planner

DATE: _____

(M) (T) (W) (T) (F) (S) (S)

TO DO LIST

- _____
- _____
- _____
- _____
- _____
- _____
- _____
- _____
- _____

IMPORTANT TIMES

MEAL PLANNER

BREAKFAST	
LUNCH	
DINNER	

✦ MY GOALS ✦

TODAY
I AM THANKING FOR

Daily Planner

DATE:_____

(M) (T) (W) (T) (F) (S) (S)

TO DO LIST

- [ ] _____
- [ ] _____
- [ ] _____
- [ ] _____
- [ ] _____
- [ ] _____
- [ ] _____
- [ ] _____
- [ ] _____

IMPORTANT TIMES

MEAL PLANNER

BREAKFAST	
LUNCH	
DINNER	

⤜ MY GOALS ⤛

TODAY
I AM THANKING FOR

Daily Planner

DATE: _____

(M) (T) (W) (T) (F) (S) (S)

TO DO LIST

- _____
- _____
- _____
- _____
- _____
- _____
- _____
- _____
- _____
- _____

IMPORTANT TIMES

⋮

MEAL PLANNER

BREAKFAST	
LUNCH	
DINNER	

✦ MY GOALS ✦

_____
_____
_____
_____
_____
_____
_____

TODAY
I AM THANKING FOR

Daily Planner

DATE:_____

(M)(T)(W)(T)(F)(S)(S)

TO DO LIST

- [ ] _____
- [ ] _____
- [ ] _____
- [ ] _____
- [ ] _____
- [ ] _____
- [ ] _____
- [ ] _____
- [ ] _____

IMPORTANT TIMES

- _____
- _____
- _____
- _____
- _____
- _____

MEAL PLANNER

BREAKFAST	
LUNCH	
DINNER	

MY GOALS

_____
_____
_____
_____
_____
_____
_____

TODAY
I AM THANKING FOR

Daily Planner

DATE;_____

Ⓜ Ⓣ Ⓦ Ⓣ Ⓕ Ⓢ Ⓢ

TO DO LIST

-
-
-
-
-
-
-
-
-

IMPORTANT TIMES

MEAL PLANNER

BREAKFAST	
LUNCH	
DINNER	

✦ MY GOALS ✦

TODAY
I AM THANKING FOR

Daily Planner

DATE:_____

(M) (T) (W) (T) (F) (S) (S)

TO DO LIST

- ☐
- ☐
- ☐
- ☐
- ☐
- ☐
- ☐
- ☐
- ☐

IMPORTANT TIMES

MEAL PLANNER

BREAKFAST	
LUNCH	
DINNER	

✦ MY GOALS ✦

TODAY
I AM THANKING FOR

Daily Planner

DATE: _____
(M) (T) (W) (T) (F) (S) (S)

TO DO LIST

- ☐ _____
- ☐ _____
- ☐ _____
- ☐ _____
- ☐ _____
- ☐ _____
- ☐ _____
- ☐ _____

IMPORTANT TIMES

- : _____
- : _____
- : _____
- : _____
- : _____

MEAL PLANNER

BREAKFAST	
LUNCH	
DINNER	

✦ MY GOALS ✦

_____
_____
_____
_____
_____
_____

TODAY
I AM THANKING FOR

Daily Planner

DATE:_____

(M) (T) (W) (T) (F) (S) (S)

TO DO LIST

- ▪ _____
- ▪ _____
- ▪ _____
- ▪ _____
- ▪ _____
- ▪ _____
- ▪ _____
- ▪ _____
- ▪ _____

IMPORTANT TIMES

- • _____
- • _____
- • _____
- • _____
- • _____
- • _____

MEAL PLANNER

BREAKFAST	
LUNCH	
DINNER	

⤙ MY GOALS ⤚

_____
_____
_____
_____
_____
_____
_____

TODAY
I AM THANKING FOR

Daily Planner

DATE;_____

(M) (T) (W) (T) (F) (S) (S)

TO DO LIST

- ■ _____
- ■ _____
- ■ _____
- ■ _____
- ■ _____
- ■ _____
- ■ _____
- ■ _____
- ■ _____

IMPORTANT TIMES

: _____
: _____
: _____
: _____
: _____
: _____

MEAL PLANNER

BREAKFAST	
LUNCH	
DINNER	

⤜ MY GOALS ⤛

_____
_____
_____
_____
_____
_____
_____

TODAY
I AM THANKING FOR

Daily Planner

DATE:_____

(M) (T) (W) (T) (F) (S) (S)

TO DO LIST

- ▪ _____
- ▪ _____
- ▪ _____
- ▪ _____
- ▪ _____
- ▪ _____
- ▪ _____
- ▪ _____
- ▪ _____
- ▪ _____

IMPORTANT TIMES

_____
_____
_____
_____
_____
_____

MEAL PLANNER

BREAKFAST	
LUNCH	
DINNER	

⤖ MY GOALS ⤖

_____
_____
_____
_____
_____
_____
_____

TODAY
I AM THANKING FOR

Daily Planner

DATE:_____

(M) (T) (W) (T) (F) (S) (S)

TO DO LIST

- [ ] _____
- [ ] _____
- [ ] _____
- [ ] _____
- [ ] _____
- [ ] _____
- [ ] _____
- [ ] _____
- [ ] _____

IMPORTANT TIMES

- _____
- _____
- _____
- _____
- _____

MEAL PLANNER

BREAKFAST	
LUNCH	
DINNER	

✦ MY GOALS ✦

_____
_____
_____
_____
_____
_____

TODAY
I AM THANKING FOR

Daily Planner

DATE:_____

M T W T F S S

TO DO LIST

-
-
-
-
-
-
-
-
-

IMPORTANT TIMES

MEAL PLANNER

BREAKFAST

LUNCH

DINNER

⟶ MY GOALS ⟵

TODAY
I AM THANKING FOR

Daily Planner

DATE:_____

Ⓜ Ⓣ Ⓦ Ⓣ Ⓕ Ⓢ Ⓢ

TO DO LIST

■ _____
■ _____
■ _____
■ _____
■ _____
■ _____
■ _____
■ _____
■ _____
■ _____

IMPORTANT TIMES

- _____
- _____
- _____
- _____
- _____
- _____

MEAL PLANNER

BREAKFAST	
LUNCH	
DINNER	

⤜ MY GOALS ⤛

_____
_____
_____
_____
_____
_____
_____

TODAY
I AM THANKING FOR

Daily Planner

DATE;_____

(M) (T) (W) (T) (F) (S) (S)

TO DO LIST

- [ ] _____
- [ ] _____
- [ ] _____
- [ ] _____
- [ ] _____
- [ ] _____
- [ ] _____
- [ ] _____
- [ ] _____

IMPORTANT TIMES

MEAL PLANNER

BREAKFAST	
LUNCH	
DINNER	

⤞ MY GOALS ⤝

TODAY
I AM THANKING FOR

Daily Planner

DATE: _____

(M) (T) (W) (T) (F) (S) (S)

TO DO LIST

- ☐ _____
- ☐ _____
- ☐ _____
- ☐ _____
- ☐ _____
- ☐ _____
- ☐ _____
- ☐ _____
- ☐ _____

IMPORTANT TIMES

- : _____
- : _____
- : _____
- : _____
- : _____
- : _____

MEAL PLANNER

BREAKFAST	
LUNCH	
DINNER	

MY GOALS

_____
_____
_____
_____
_____
_____
_____

TODAY
I AM THANKING FOR

Daily Planner

DATE;_____

(M) (T) (W) (T) (F) (S) (S)

TO DO LIST

- ■ _____
- ■ _____
- ■ _____
- ■ _____
- ■ _____
- ■ _____
- ■ _____
- ■ _____
- ■ _____

IMPORTANT TIMES

MEAL PLANNER

BREAKFAST	
LUNCH	
DINNER	

⤝ MY GOALS ⤛

TODAY
I AM THANKING FOR

Daily Planner

DATE: _____

(M) (T) (W) (T) (F) (S) (S)

TO DO LIST

■ _____
■ _____
■ _____
■ _____
■ _____
■ _____
■ _____
■ _____
■ _____

IMPORTANT TIMES

MEAL PLANNER

BREAKFAST	
LUNCH	
DINNER	

↠ MY GOALS ↞

_____
_____
_____
_____
_____
_____

TODAY
I AM THANKING FOR

Daily Planner

DATE; _____

(M) (T) (W) (T) (F) (S) (S)

TO DO LIST

-
-
-
-
-
-
-
-

IMPORTANT TIMES

MEAL PLANNER

BREAKFAST	
LUNCH	
DINNER	

→ MY GOALS ←

TODAY
I AM THANKING FOR

Daily Planner

DATE:_____

(M) (T) (W) (T) (F) (S) (S)

TO DO LIST

- ▪
- ▪
- ▪
- ▪
- ▪
- ▪
- ▪
- ▪
- ▪

IMPORTANT TIMES

MEAL PLANNER

BREAKFAST	
LUNCH	
DINNER	

⤜ MY GOALS ⤛

TODAY
I AM THANKING FOR

Daily Planner

DATE;_____

(M) (T) (W) (T) (F) (S) (S)

TO DO LIST

- ▪ _____
- ▪ _____
- ▪ _____
- ▪ _____
- ▪ _____
- ▪ _____
- ▪ _____
- ▪ _____
- ▪ _____

IMPORTANT TIMES

- • _____
- • _____
- • _____
- • _____
- • _____

MEAL PLANNER

BREAKFAST	
LUNCH	
DINNER	

✧ MY GOALS ✧

_____
_____
_____
_____
_____
_____

TODAY
I AM THANKING FOR

Daily Planner

DATE; _____

(M) (T) (W) (T) (F) (S) (S)

TO DO LIST

-
-
-
-
-
-
-
-
-

IMPORTANT TIMES

MEAL PLANNER

BREAKFAST	
LUNCH	
DINNER	

→ MY GOALS ←

TODAY
I AM THANKING FOR

Daily Planner

DATE:_____

(M) (T) (W) (T) (F) (S) (S)

TO DO LIST

- ☐ _____
- ☐ _____
- ☐ _____
- ☐ _____
- ☐ _____
- ☐ _____
- ☐ _____
- ☐ _____
- ☐ _____

IMPORTANT TIMES

_____
_____
_____
_____
_____
_____

MEAL PLANNER

BREAKFAST	
LUNCH	
DINNER	

⤚ MY GOALS ⤙

_____
_____
_____
_____
_____
_____
_____

TODAY
I AM THANKING FOR

Daily Planner

DATE: _____

(M) (T) (W) (T) (F) (S) (S)

TO DO LIST

- _____
- _____
- _____
- _____
- _____
- _____
- _____
- _____
- _____

IMPORTANT TIMES

. _____
. _____
. _____
. _____
. _____
. _____

MEAL PLANNER

BREAKFAST	
LUNCH	
DINNER	

✦ MY GOALS ✦

_____
_____
_____
_____
_____
_____
_____

TODAY
I AM THANKING FOR

Daily Planner

DATE;_____

(M) (T) (W) (T) (F) (S) (S)

TO DO LIST

- ☐ _____
- ☐ _____
- ☐ _____
- ☐ _____
- ☐ _____
- ☐ _____
- ☐ _____
- ☐ _____
- ☐ _____

IMPORTANT TIMES

:
:
:
:
:

MEAL PLANNER

BREAKFAST	
LUNCH	
DINNER	

✦ MY GOALS ✦

_____
_____
_____
_____
_____
_____
_____

TODAY
I AM THANKING FOR

Daily Planner

DATE: _____

Ⓜ Ⓣ Ⓦ Ⓣ Ⓕ Ⓢ Ⓢ

TO DO LIST

- ☐ _____
- ☐ _____
- ☐ _____
- ☐ _____
- ☐ _____
- ☐ _____
- ☐ _____
- ☐ _____
- ☐ _____

IMPORTANT TIMES

: _____
: _____
: _____
: _____
: _____

MEAL PLANNER

BREAKFAST	
LUNCH	
DINNER	

❖ MY GOALS ❖

_____
_____
_____
_____
_____
_____
_____

TODAY
I AM THANKING FOR

Daily Planner

DATE:_____

(M) (T) (W) (T) (F) (S) (S)

TO DO LIST

- ■ _____
- ■ _____
- ■ _____
- ■ _____
- ■ _____
- ■ _____
- ■ _____
- ■ _____
- ■ _____

IMPORTANT TIMES

_____
_____
_____
_____
_____
_____

MEAL PLANNER

BREAKFAST	
LUNCH	
DINNER	

✦ MY GOALS ✦

_____
_____
_____
_____
_____
_____
_____

TODAY
I AM THANKING FOR

Daily Planner

DATE:_____

(M) (T) (W) (T) (F) (S) (S)

TO DO LIST

- ☐ _____
- ☐ _____
- ☐ _____
- ☐ _____
- ☐ _____
- ☐ _____
- ☐ _____
- ☐ _____
- ☐ _____

IMPORTANT TIMES

- : _____
- : _____
- : _____
- : _____
- : _____

MEAL PLANNER

BREAKFAST	
LUNCH	
DINNER	

✦ MY GOALS ✦

_____
_____
_____
_____
_____
_____

TODAY
I AM THANKING FOR

Daily Planner

DATE: _____

(M) (T) (W) (T) (F) (S) (S)

TO DO LIST

■ _____
■ _____
■ _____
■ _____
■ _____
■ _____
■ _____
■ _____
■ _____

IMPORTANT TIMES

_____
_____
_____
_____
_____
_____

MEAL PLANNER

BREAKFAST	
LUNCH	
DINNER	

⤜ MY GOALS ⤛

_____
_____
_____
_____
_____
_____
_____

TODAY
I AM THANKING FOR

Daily Planner

DATE:_____

(M) (T) (W) (T) (F) (S) (S)

TO DO LIST

- _____
- _____
- _____
- _____
- _____
- _____
- _____
- _____
- _____

IMPORTANT TIMES

MEAL PLANNER

BREAKFAST	
LUNCH	
DINNER	

✦ MY GOALS ✦

_____
_____
_____
_____
_____
_____
_____

TODAY
I AM THANKING FOR

Daily Planner

DATE;_____

(M) (T) (W) (T) (F) (S) (S)

TO DO LIST

- ▪ _____
- ▪ _____
- ▪ _____
- ▪ _____
- ▪ _____
- ▪ _____
- ▪ _____
- ▪ _____
- ▪ _____

IMPORTANT TIMES

MEAL PLANNER

BREAKFAST	
LUNCH	
DINNER	

→ MY GOALS ←

TODAY
I AM THANKING FOR

Daily Planner

DATE: _____

(M) (T) (W) (T) (F) (S) (S)

TO DO LIST

- _____
- _____
- _____
- _____
- _____
- _____
- _____
- _____

IMPORTANT TIMES

MEAL PLANNER

BREAKFAST	
LUNCH	
DINNER	

✦ MY GOALS ✦

_____
_____
_____
_____
_____
_____

TODAY
I AM THANKING FOR

Daily Planner

DATE: _____

(M) (T) (W) (T) (F) (S) (S)

TO DO LIST

- _____
- _____
- _____
- _____
- _____
- _____
- _____
- _____
- _____

IMPORTANT TIMES

. _____
. _____
. _____
. _____
. _____
. _____

MEAL PLANNER

BREAKFAST	
LUNCH	
DINNER	

✦ **MY GOALS** ✦

_____
_____
_____
_____
_____
_____

TODAY
I AM THANKING FOR

Daily Planner

DATE: _____

(M) (T) (W) (T) (F) (S) (S)

TO DO LIST

-
-
-
-
-
-
-
-
-

IMPORTANT TIMES

MEAL PLANNER

BREAKFAST	
LUNCH	
DINNER	

✦ MY GOALS ✦

TODAY
I AM THANKING FOR

Daily Planner

DATE;_____

(M) (T) (W) (T) (F) (S) (S)

TO DO LIST

- ☐ _____
- ☐ _____
- ☐ _____
- ☐ _____
- ☐ _____
- ☐ _____
- ☐ _____
- ☐ _____
- ☐ _____

IMPORTANT TIMES

MEAL PLANNER

BREAKFAST	
LUNCH	
DINNER	

MY GOALS

TODAY
I AM THANKING FOR

Daily Planner

DATE: _____

(M) (T) (W) (T) (F) (S) (S)

TO DO LIST

- _____
- _____
- _____
- _____
- _____
- _____
- _____
- _____
- _____

IMPORTANT TIMES

MEAL PLANNER

BREAKFAST	
LUNCH	
DINNER	

✦ MY GOALS ✦

TODAY
I AM THANKING FOR

Daily Planner

DATE;_____

(M) (T) (W) (T) (F) (S) (S)

TO DO LIST

- ☐ _____
- ☐ _____
- ☐ _____
- ☐ _____
- ☐ _____
- ☐ _____
- ☐ _____
- ☐ _____
- ☐ _____

IMPORTANT TIMES

- ·
- ·
- ·
- ·
- ·
- ·

MEAL PLANNER

BREAKFAST	
LUNCH	
DINNER	

✦ MY GOALS ✦

_____
_____
_____
_____
_____
_____

TODAY
I AM THANKING FOR

Daily Planner

DATE: _____

(M) (T) (W) (T) (F) (S) (S)

TO DO LIST

- _____
- _____
- _____
- _____
- _____
- _____
- _____
- _____
- _____

IMPORTANT TIMES

_____
_____
_____
_____
_____
_____

MEAL PLANNER

BREAKFAST	
LUNCH	
DINNER	

✦ MY GOALS ✦

_____
_____
_____
_____
_____
_____

TODAY
I AM THANKING FOR

Daily Planner

DATE:_____
M T W T F S S

TO DO LIST

-
-
-
-
-
-
-
-
-

IMPORTANT TIMES

MEAL PLANNER

BREAKFAST	
LUNCH	
DINNER	

⟶ MY GOALS ⟵

TODAY
I AM THANKING FOR

Daily Planner

DATE:_____

(M) (T) (W) (T) (F) (S) (S)

TO DO LIST

- _____
- _____
- _____
- _____
- _____
- _____
- _____
- _____

IMPORTANT TIMES

- _____
- _____
- _____
- _____
- _____

MEAL PLANNER

BREAKFAST	
LUNCH	
DINNER	

✦ MY GOALS ✦

_____
_____
_____
_____
_____
_____

TODAY
I AM THANKING FOR

Daily Planner

DATE:_____

(M) (T) (W) (T) (F) (S) (S)

TO DO LIST

-
-
-
-
-
-
-
-
-

IMPORTANT TIMES

MEAL PLANNER

BREAKFAST	
LUNCH	
DINNER	

✦ MY GOALS ✦

TODAY
I AM THANKING FOR

Daily Planner

DATE:_____

(M) (T) (W) (T) (F) (S) (S)

TO DO LIST

- ◼
- ◼
- ◼
- ◼
- ◼
- ◼
- ◼
- ◼
- ◼

IMPORTANT TIMES

MEAL PLANNER

BREAKFAST

LUNCH

DINNER

✦ MY GOALS ✦

TODAY
I AM THANKING FOR

Daily Planner

DATE;_____

(M) (T) (W) (T) (F) (S) (S)

TO DO LIST

- ☐ _____
- ☐ _____
- ☐ _____
- ☐ _____
- ☐ _____
- ☐ _____
- ☐ _____
- ☐ _____
- ☐ _____

IMPORTANT TIMES

_____
_____
_____
_____
_____

MEAL PLANNER

BREAKFAST	
LUNCH	
DINNER	

✦ MY GOALS ✦

_____
_____
_____
_____
_____
_____

TODAY
I AM THANKING FOR

Daily Planner

DATE:_____

(M) (T) (W) (T) (F) (S) (S)

TO DO LIST

- ☐ _____
- ☐ _____
- ☐ _____
- ☐ _____
- ☐ _____
- ☐ _____
- ☐ _____
- ☐ _____
- ☐ _____

IMPORTANT TIMES

MEAL PLANNER

BREAKFAST	
LUNCH	
DINNER	

➤ MY GOALS ➤

TODAY
I AM THANKING FOR

Daily Planner

DATE;_____

(M) (T) (W) (T) (F) (S) (S)

TO DO LIST

- ☐ _____
- ☐ _____
- ☐ _____
- ☐ _____
- ☐ _____
- ☐ _____
- ☐ _____
- ☐ _____

IMPORTANT TIMES

MEAL PLANNER

BREAKFAST	
LUNCH	
DINNER	

✦ MY GOALS ✦

_____
_____
_____
_____
_____
_____

TODAY
I AM THANKING FOR

Daily Planner

DATE:_____
M T W T F S S

TO DO LIST

- _____
- _____
- _____
- _____
- _____
- _____
- _____
- _____

IMPORTANT TIMES

:
:
:
:
:
:

MEAL PLANNER

BREAKFAST	
LUNCH	
DINNER	

✦ MY GOALS ✦

_____
_____
_____
_____
_____
_____

TODAY
I AM THANKING FOR

Daily Planner

DATE;_____

Ⓜ Ⓣ Ⓦ Ⓣ Ⓕ Ⓢ Ⓢ

TO DO LIST

- ▪
- ▪
- ▪
- ▪
- ▪
- ▪
- ▪
- ▪

IMPORTANT TIMES

MEAL PLANNER

BREAKFAST	
LUNCH	
DINNER	

→ MY GOALS ←

TODAY
I AM THANKING FOR

Daily Planner

DATE;_____

(M) (T) (W) (T) (F) (S) (S)

TO DO LIST

- _____
- _____
- _____
- _____
- _____
- _____
- _____
- _____
- _____
- _____

IMPORTANT TIMES

MEAL PLANNER

BREAKFAST	
LUNCH	
DINNER	

✦ MY GOALS ✦

_____
_____
_____
_____
_____
_____
_____

TODAY
I AM THANKING FOR

Daily Planner

DATE:_____

(M) (T) (W) (T) (F) (S) (S)

TO DO LIST

- _____
- _____
- _____
- _____
- _____
- _____
- _____
- _____
- _____

IMPORTANT TIMES

- _____
- _____
- _____
- _____
- _____
- _____

MEAL PLANNER

BREAKFAST	
LUNCH	
DINNER	

→ MY GOALS ←

_____
_____
_____
_____
_____
_____
_____

TODAY
I AM THANKING FOR

Daily Planner

DATE:_____

(M) (T) (W) (T) (F) (S) (S)

TO DO LIST

- _____
- _____
- _____
- _____
- _____
- _____
- _____
- _____
- _____

IMPORTANT TIMES

.
.
.
.
.
.

MEAL PLANNER

BREAKFAST	
LUNCH	
DINNER	

⤞ MY GOALS ⤝

_____
_____
_____
_____
_____
_____
_____

TODAY
I AM THANKING FOR

Daily Planner

DATE;_____

(M) (T) (W) (T) (F) (S) (S)

TO DO LIST

- _____
- _____
- _____
- _____
- _____
- _____
- _____
- _____
- _____

IMPORTANT TIMES

MEAL PLANNER

BREAKFAST	
LUNCH	
DINNER	

→ MY GOALS ←

TODAY
I AM THANKING FOR

Daily Planner

DATE:_____

(M) (T) (W) (T) (F) (S) (S)

TO DO LIST

- ☐
- ☐
- ☐
- ☐
- ☐
- ☐
- ☐
- ☐

IMPORTANT TIMES

MEAL PLANNER

BREAKFAST	
LUNCH	
DINNER	

✦ MY GOALS ✦

TODAY
I AM THANKING FOR

Daily Planner

DATE:_____

(M) (T) (W) (T) (F) (S) (S)

TO DO LIST

- [ ] _____
- [ ] _____
- [ ] _____
- [ ] _____
- [ ] _____
- [ ] _____
- [ ] _____
- [ ] _____
- [ ] _____

IMPORTANT TIMES

MEAL PLANNER

BREAKFAST	
LUNCH	
DINNER	

✦ MY GOALS ✦

_____
_____
_____
_____
_____
_____

TODAY
I AM THANKING FOR

Daily Planner

DATE:_____

(M) (T) (W) (T) (F) (S) (S)

TO DO LIST

- _____
- _____
- _____
- _____
- _____
- _____
- _____
- _____
- _____

IMPORTANT TIMES

- _____
- _____
- _____
- _____
- _____
- _____

MEAL PLANNER

BREAKFAST	
LUNCH	
DINNER	

⤛ MY GOALS ⤜

_____
_____
_____
_____
_____
_____
_____

TODAY
I AM THANKING FOR

Daily Planner

DATE;_____

(M) (T) (W) (T) (F) (S) (S)

TO DO LIST

- _____
- _____
- _____
- _____
- _____
- _____
- _____
- _____
- _____

IMPORTANT TIMES

.
.
.
.
.
.

MEAL PLANNER

BREAKFAST	
LUNCH	
DINNER	

✦ MY GOALS ✦

_____
_____
_____
_____
_____
_____
_____

TODAY
I AM THANKING FOR

Daily Planner

DATE:_____

(M) (T) (W) (T) (F) (S) (S)

TO DO LIST

■ _____
■ _____
■ _____
■ _____
■ _____
■ _____
■ _____
■ _____
■ _____

IMPORTANT TIMES

:
:
:
:
:
:

MEAL PLANNER

BREAKFAST	
LUNCH	
DINNER	

⇥ MY GOALS ⇤

_____
_____
_____
_____
_____
_____
_____

TODAY I AM THANKING FOR

Daily Planner

DATE:_____

M T W T F S S

TO DO LIST

- _____
- _____
- _____
- _____
- _____
- _____
- _____
- _____
- _____

IMPORTANT TIMES

MEAL PLANNER

BREAKFAST	
LUNCH	
DINNER	

✦ MY GOALS ✦

_____
_____
_____
_____
_____
_____
_____

TODAY
I AM THANKING FOR

Daily Planner

DATE:_____

Ⓜ Ⓣ Ⓦ Ⓣ Ⓕ Ⓢ Ⓢ

TO DO LIST

- _____
- _____
- _____
- _____
- _____
- _____
- _____
- _____
- _____

IMPORTANT TIMES

MEAL PLANNER

BREAKFAST	
LUNCH	
DINNER	

⤜ MY GOALS ⤛

_____
_____
_____
_____
_____
_____
_____

TODAY
I AM THANKING FOR

Daily Planner

DATE;_____

(M) (T) (W) (T) (F) (S) (S)

TO DO LIST

- _____
- _____
- _____
- _____
- _____
- _____
- _____
- _____
- _____

IMPORTANT TIMES

MEAL PLANNER

BREAKFAST	
LUNCH	
DINNER	

⤝ MY GOALS ⤞

TODAY
I AM THANKING FOR

Daily Planner

DATE:_____

(M) (T) (W) (T) (F) (S) (S)

TO DO LIST

- _____
- _____
- _____
- _____
- _____
- _____
- _____
- _____
- _____

IMPORTANT TIMES

- _____
- _____
- _____
- _____
- _____
- _____

MEAL PLANNER

BREAKFAST

LUNCH

DINNER

✦ MY GOALS ✦

_____
_____
_____
_____
_____
_____

TODAY
I AM THANKING FOR

Daily Planner

DATE:_____

(M) (T) (W) (T) (F) (S) (S)

TO DO LIST

- ☐ _____
- ☐ _____
- ☐ _____
- ☐ _____
- ☐ _____
- ☐ _____
- ☐ _____
- ☐ _____
- ☐ _____

IMPORTANT TIMES

- _____
- _____
- _____
- _____
- _____
- _____

MEAL PLANNER

BREAKFAST	
LUNCH	
DINNER	

☆ MY GOALS ☆

_____
_____
_____
_____
_____
_____
_____

TODAY
I AM THANKING FOR

Daily Planner

DATE: _____

(M) (T) (W) (T) (F) (S) (S)

TO DO LIST

- ▪ _____
- ▪ _____
- ▪ _____
- ▪ _____
- ▪ _____
- ▪ _____
- ▪ _____
- ▪ _____
- ▪ _____

IMPORTANT TIMES

. _____
. _____
. _____
. _____
. _____
. _____

MEAL PLANNER

BREAKFAST	
LUNCH	
DINNER	

⤙ MY GOALS ⤚

_____
_____
_____
_____
_____
_____
_____

TODAY
I AM THANKING FOR

Daily Planner

DATE:_____

(M) (T) (W) (T) (F) (S) (S)

TO DO LIST

- ▪
- ▪
- ▪
- ▪
- ▪
- ▪
- ▪
- ▪
- ▪

IMPORTANT TIMES

MEAL PLANNER

BREAKFAST	
LUNCH	
DINNER	

⊹ MY GOALS ⊹

TODAY
I AM THANKING FOR

Daily Planner

DATE;_____

(M) (T) (W) (T) (F) (S) (S)

TO DO LIST

- _____
- _____
- _____
- _____
- _____
- _____
- _____
- _____
- _____

IMPORTANT TIMES

MEAL PLANNER

BREAKFAST

LUNCH

DINNER

⤙ MY GOALS ⤚

_____
_____
_____
_____
_____
_____
_____

TODAY
I AM THANKING FOR

Daily Planner

DATE;_____

(M) (T) (W) (T) (F) (S) (S)

TO DO LIST

- _____
- _____
- _____
- _____
- _____
- _____
- _____
- _____
- _____

IMPORTANT TIMES

: _____
: _____
: _____
: _____
: _____
: _____

MEAL PLANNER

BREAKFAST	
LUNCH	
DINNER	

⇢ MY GOALS ⇠

_____
_____
_____
_____
_____
_____
_____

TODAY
I AM THANKING FOR

Daily Planner

DATE:_____

(M) (T) (W) (T) (F) (S) (S)

TO DO LIST

- ■ _____
- ■ _____
- ■ _____
- ■ _____
- ■ _____
- ■ _____
- ■ _____
- ■ _____
- ■ _____

IMPORTANT TIMES

MEAL PLANNER

BREAKFAST	
LUNCH	
DINNER	

⟶ MY GOALS ⟵

TODAY
I AM THANKING FOR

Daily Planner

DATE;_____

(M) (T) (W) (T) (F) (S) (S)

TO DO LIST

-
-
-
-
-
-
-
-
-

IMPORTANT TIMES

MEAL PLANNER

BREAKFAST	
LUNCH	
DINNER	

✦ MY GOALS ✦

TODAY
I AM THANKING FOR

Daily Planner

DATE:_____

(M) (T) (W) (T) (F) (S) (S)

TO DO LIST

- ◼ _____
- ◼ _____
- ◼ _____
- ◼ _____
- ◼ _____
- ◼ _____
- ◼ _____
- ◼ _____
- ◼ _____

IMPORTANT TIMES

MEAL PLANNER

BREAKFAST	
LUNCH	
DINNER	

✦ MY GOALS ✦

_____
_____
_____
_____
_____
_____
_____

TODAY
I AM THANKING FOR

Daily Planner

DATE:_____

(M) (T) (W) (T) (F) (S) (S)

TO DO LIST

- ☐ _____
- ☐ _____
- ☐ _____
- ☐ _____
- ☐ _____
- ☐ _____
- ☐ _____
- ☐ _____
- ☐ _____

IMPORTANT TIMES

- • _____
- • _____
- • _____
- • _____
- • _____
- • _____

MEAL PLANNER

BREAKFAST	
LUNCH	
DINNER	

✦ MY GOALS ✦

_____
_____
_____
_____
_____
_____
_____

TODAY
I AM THANKING FOR

Daily Planner

DATE;_____

(M) (T) (W) (T) (F) (S) (S)

TO DO LIST

- _____
- _____
- _____
- _____
- _____
- _____
- _____
- _____
- _____

IMPORTANT TIMES

_____
_____
_____
_____
_____
_____

MEAL PLANNER

BREAKFAST	
LUNCH	
DINNER	

MY GOALS

_____
_____
_____
_____
_____
_____
_____

TODAY
I AM THANKING FOR

Daily Planner

DATE:_____

Ⓜ Ⓣ Ⓦ Ⓣ Ⓕ Ⓢ Ⓢ

TO DO LIST

■ _____
■ _____
■ _____
■ _____
■ _____
■ _____
■ _____
■ _____
■ _____
■ _____

⤜ MY GOALS ⤛

_____
_____
_____
_____
_____
_____
_____

IMPORTANT TIMES

_____
_____
_____
_____
_____
_____

MEAL PLANNER

BREAKFAST	
LUNCH	
DINNER	

TODAY
I AM THANKING FOR

Daily Planner

DATE: _____

(M) (T) (W) (T) (F) (S) (S)

TO DO LIST

- ☐ _____
- ☐ _____
- ☐ _____
- ☐ _____
- ☐ _____
- ☐ _____
- ☐ _____
- ☐ _____
- ☐ _____

IMPORTANT TIMES

- : _____
- : _____
- : _____
- : _____
- : _____
- : _____

MEAL PLANNER

BREAKFAST	
LUNCH	
DINNER	

✧ MY GOALS ✧

_____

_____

_____

_____

_____

_____

TODAY
I AM THANKING FOR

Daily Planner

DATE: _____

(M) (T) (W) (T) (F) (S) (S)

TO DO LIST

- _____
- _____
- _____
- _____
- _____
- _____
- _____
- _____
- _____

IMPORTANT TIMES

- _____
- _____
- _____
- _____
- _____
- _____

MEAL PLANNER

BREAKFAST	
LUNCH	
DINNER	

⟶ MY GOALS ⟵

_____
_____
_____
_____
_____
_____
_____

TODAY
I AM THANKING FOR

Daily Planner

DATE:_____

(M) (T) (W) (T) (F) (S) (S)

TO DO LIST

- ☐ _____
- ☐ _____
- ☐ _____
- ☐ _____
- ☐ _____
- ☐ _____
- ☐ _____
- ☐ _____
- ☐ _____

IMPORTANT TIMES

- _____
- _____
- _____
- _____
- _____
- _____

MEAL PLANNER

BREAKFAST	
LUNCH	
DINNER	

✦ MY GOALS ✦

_____
_____
_____
_____
_____
_____

TODAY
I AM THANKING FOR

Daily Planner

DATE;_____

(M) (T) (W) (T) (F) (S) (S)

TO DO LIST

- ■ _____
- ■ _____
- ■ _____
- ■ _____
- ■ _____
- ■ _____
- ■ _____
- ■ _____
- ■ _____

IMPORTANT TIMES

MEAL PLANNER

BREAKFAST	
LUNCH	
DINNER	

⤜ MY GOALS ⤛

_____
_____
_____
_____
_____
_____
_____

TODAY
I AM THANKING FOR

Daily Planner

DATE: _____

(M) (T) (W) (T) (F) (S) (S)

TO DO LIST

- ☐ _____
- ☐ _____
- ☐ _____
- ☐ _____
- ☐ _____
- ☐ _____
- ☐ _____
- ☐ _____
- ☐ _____

IMPORTANT TIMES

• _____
• _____
• _____
• _____
• _____
• _____

MEAL PLANNER

BREAKFAST	
LUNCH	
DINNER	

✦ MY GOALS ✦

_____
_____
_____
_____
_____
_____

TODAY
I AM THANKING FOR

Daily Planner

DATE:_____

(M) (T) (W) (T) (F) (S) (S)

TO DO LIST

- _____
- _____
- _____
- _____
- _____
- _____
- _____
- _____
- _____

IMPORTANT TIMES

- _____
- _____
- _____
- _____
- _____
- _____

MEAL PLANNER

BREAKFAST	
LUNCH	
DINNER	

⟢ MY GOALS ⟢

_____
_____
_____
_____
_____
_____
_____

TODAY
I AM THANKING FOR

Daily Planner

DATE: _____

(M) (T) (W) (T) (F) (S) (S)

TO DO LIST

- ▪ _____
- ▪ _____
- ▪ _____
- ▪ _____
- ▪ _____
- ▪ _____
- ▪ _____
- ▪ _____
- ▪ _____

IMPORTANT TIMES

- : _____
- : _____
- : _____
- : _____
- : _____
- : _____

MEAL PLANNER

BREAKFAST	
LUNCH	
DINNER	

⤜ MY GOALS ⤛

_____
_____
_____
_____
_____
_____
_____

TODAY
I AM THANKING FOR

Daily Planner

DATE;_____

(M) (T) (W) (T) (F) (S) (S)

TO DO LIST

- _____
- _____
- _____
- _____
- _____
- _____
- _____
- _____
- _____

IMPORTANT TIMES

_____
_____
_____
_____
_____
_____

MEAL PLANNER

BREAKFAST	
LUNCH	
DINNER	

→ MY GOALS ←

_____
_____
_____
_____
_____
_____

TODAY
I AM THANKING FOR

Daily Planner

DATE: _____

(M) (T) (W) (T) (F) (S) (S)

TO DO LIST

- _____
- _____
- _____
- _____
- _____
- _____
- _____
- _____
- _____

IMPORTANT TIMES

- _____
- _____
- _____
- _____
- _____

MEAL PLANNER

BREAKFAST	
LUNCH	
DINNER	

✦ MY GOALS ✦

_____
_____
_____
_____
_____
_____
_____

TODAY
I AM THANKING FOR

Daily Planner

DATE:_____

(M) (T) (W) (T) (F) (S) (S)

TO DO LIST

- _____
- _____
- _____
- _____
- _____
- _____
- _____
- _____
- _____

IMPORTANT TIMES

_____
_____
_____
_____
_____
_____

MEAL PLANNER

BREAKFAST	
LUNCH	
DINNER	

⟶ MY GOALS ⟵

_____
_____
_____
_____
_____
_____

TODAY
I AM THANKING FOR

Daily Planner

DATE:_____
(M) (T) (W) (T) (F) (S) (S)

TO DO LIST

- _____
- _____
- _____
- _____
- _____
- _____
- _____
- _____
- _____

IMPORTANT TIMES

- _____
- _____
- _____
- _____
- _____
- _____

MEAL PLANNER

BREAKFAST	
LUNCH	
DINNER	

✦ MY GOALS ✦

_____
_____
_____
_____
_____
_____
_____

TODAY
I AM THANKING FOR

Daily Planner

DATE:_____

(M) (T) (W) (T) (F) (S) (S)

TO DO LIST

- _____
- _____
- _____
- _____
- _____
- _____
- _____
- _____
- _____

IMPORTANT TIMES

MEAL PLANNER

BREAKFAST	
LUNCH	
DINNER	

✦ MY GOALS ✦

_____
_____
_____
_____
_____
_____
_____

TODAY
I AM THANKING FOR

Daily Planner

DATE:_____

(M) (T) (W) (T) (F) (S) (S)

TO DO LIST

- ■ _____
- ■ _____
- ■ _____
- ■ _____
- ■ _____
- ■ _____
- ■ _____
- ■ _____
- ■ _____

IMPORTANT TIMES

:
:
:
:
:
:

MEAL PLANNER

BREAKFAST	
LUNCH	
DINNER	

✦ MY GOALS ✦

_____
_____
_____
_____
_____
_____

TODAY
I AM THANKING FOR

Daily Planner

DATE:_____

(M) (T) (W) (T) (F) (S) (S)

TO DO LIST

- ▪
- ▪
- ▪
- ▪
- ▪
- ▪
- ▪
- ▪
- ▪

IMPORTANT TIMES

MEAL PLANNER

BREAKFAST	
LUNCH	
DINNER	

⤜ MY GOALS ⤜

TODAY
I AM THANKING FOR

Daily Planner

DATE: _____

(M) (T) (W) (T) (F) (S) (S)

TO DO LIST

- _____
- _____
- _____
- _____
- _____
- _____
- _____
- _____
- _____
- _____

IMPORTANT TIMES

:
:
:
:
:
:

MEAL PLANNER

BREAKFAST	
LUNCH	
DINNER	

✦ MY GOALS ✦

_____
_____
_____
_____
_____
_____
_____

TODAY
I AM THANKING FOR

Daily Planner

DATE;_____

(M) (T) (W) (T) (F) (S) (S)

TO DO LIST

- _____
- _____
- _____
- _____
- _____
- _____
- _____
- _____
- _____

IMPORTANT TIMES

MEAL PLANNER

BREAKFAST	
LUNCH	
DINNER	

✦ MY GOALS ✦

_____
_____
_____
_____
_____
_____
_____

TODAY
I AM THANKING FOR

Daily Planner

DATE:_____
(M) (T) (W) (T) (F) (S) (S)

TO DO LIST

- ☐ _____
- ☐ _____
- ☐ _____
- ☐ _____
- ☐ _____
- ☐ _____
- ☐ _____
- ☐ _____
- ☐ _____

IMPORTANT TIMES

MEAL PLANNER

BREAKFAST	
LUNCH	
DINNER	

✦ MY GOALS ✦

TODAY
I AM THANKING FOR

Daily Planner

DATE;_____

(M) (T) (W) (T) (F) (S) (S)

TO DO LIST

- ▪ _____
- ▪ _____
- ▪ _____
- ▪ _____
- ▪ _____
- ▪ _____
- ▪ _____
- ▪ _____
- ▪ _____

IMPORTANT TIMES

MEAL PLANNER

BREAKFAST	
LUNCH	
DINNER	

⤚ MY GOALS ⤙

TODAY
I AM THANKING FOR

Daily Planner

DATE: _____

(M) (T) (W) (T) (F) (S) (S)

TO DO LIST

- _____
- _____
- _____
- _____
- _____
- _____
- _____
- _____
- _____

IMPORTANT TIMES

- _____
- _____
- _____
- _____
- _____
- _____

MEAL PLANNER

BREAKFAST

LUNCH

DINNER

✦ MY GOALS ✦

_____
_____
_____
_____
_____
_____
_____

TODAY
I AM THANKING FOR

Daily Planner

DATE:_____

(M) (T) (W) (T) (F) (S) (S)

TO DO LIST

-
-
-
-
-
-
-
-

IMPORTANT TIMES

MEAL PLANNER

BREAKFAST	
LUNCH	
DINNER	

⟶ MY GOALS ⟵

TODAY
I AM THANKING FOR

Daily Planner

DATE: _____

(M) (T) (W) (T) (F) (S) (S)

TO DO LIST

- ☐ _____
- ☐ _____
- ☐ _____
- ☐ _____
- ☐ _____
- ☐ _____
- ☐ _____
- ☐ _____
- ☐ _____

IMPORTANT TIMES

:
:
:
:
:
:

MEAL PLANNER

BREAKFAST	
LUNCH	
DINNER	

⤖ MY GOALS ⤆

_____
_____
_____
_____
_____
_____

TODAY
I AM THANKING FOR

Daily Planner

DATE;

(M) (T) (W) (T) (F) (S) (S)

TO DO LIST

-
-
-
-
-
-
-
-
-
-

IMPORTANT TIMES

MEAL PLANNER

BREAKFAST	
LUNCH	
DINNER	

✦ MY GOALS ✦

TODAY
I AM THANKING FOR

Daily Planner

DATE: _____

M T W T F S S

TO DO LIST

- _____
- _____
- _____
- _____
- _____
- _____
- _____
- _____
- _____

IMPORTANT TIMES

_____
_____
_____
_____
_____
_____

MEAL PLANNER

BREAKFAST	
LUNCH	
DINNER	

→ MY GOALS ←

_____
_____
_____
_____
_____
_____

TODAY
I AM THANKING FOR

Daily Planner

DATE;_____

(M) (T) (W) (T) (F) (S) (S)

TO DO LIST

- _____
- _____
- _____
- _____
- _____
- _____
- _____
- _____
- _____

IMPORTANT TIMES

- _____
- _____
- _____
- _____
- _____
- _____

MEAL PLANNER

BREAKFAST	
LUNCH	
DINNER	

⤜ MY GOALS ⤛

_____
_____
_____
_____
_____
_____
_____

TODAY
I AM THANKING FOR

Daily Planner

DATE:_____

(M) (T) (W) (T) (F) (S) (S)

TO DO LIST

- ☐ _____
- ☐ _____
- ☐ _____
- ☐ _____
- ☐ _____
- ☐ _____
- ☐ _____
- ☐ _____
- ☐ _____

IMPORTANT TIMES

- : _____
- : _____
- : _____
- : _____
- : _____
- : _____

MEAL PLANNER

BREAKFAST	
LUNCH	
DINNER	

↦ MY GOALS ↤

_____
_____
_____
_____
_____
_____
_____

TODAY
I AM THANKING FOR

Daily Planner

DATE:_____

(M) (T) (W) (T) (F) (S) (S)

TO DO LIST

- _____
- _____
- _____
- _____
- _____
- _____
- _____
- _____
- _____

IMPORTANT TIMES

-
-
-
-
-
-

MEAL PLANNER

BREAKFAST	
LUNCH	
DINNER	

✦ MY GOALS ✦

_____
_____
_____
_____
_____
_____
_____

TODAY
I AM THANKING FOR

Daily Planner

DATE:_____

(M) (T) (W) (T) (F) (S) (S)

TO DO LIST

- _____
- _____
- _____
- _____
- _____
- _____
- _____
- _____
- _____

IMPORTANT TIMES

.
.
.
.
.
.

MEAL PLANNER

BREAKFAST	
LUNCH	
DINNER	

� MY GOALS ⟨

_____
_____
_____
_____
_____
_____
_____

TODAY
I AM THANKING FOR

Daily Planner

DATE;_____

(M) (T) (W) (T) (F) (S) (S)

TO DO LIST

- _____
- _____
- _____
- _____
- _____
- _____
- _____
- _____
- _____

IMPORTANT TIMES

MEAL PLANNER

BREAKFAST	
LUNCH	
DINNER	

→ MY GOALS ←

TODAY
I AM THANKING FOR

Daily Planner

DATE: _____

(M) (T) (W) (T) (F) (S) (S)

TO DO LIST

- _____
- _____
- _____
- _____
- _____
- _____
- _____
- _____
- _____

IMPORTANT TIMES

:
:
:
:
:
:

MEAL PLANNER

BREAKFAST	
LUNCH	
DINNER	

⤙ MY GOALS ⤚

_____
_____
_____
_____
_____
_____
_____

TODAY
I AM THANKING FOR

Daily Planner

DATE:_____

(M) (T) (W) (T) (F) (S) (S)

TO DO LIST

- _____
- _____
- _____
- _____
- _____
- _____
- _____
- _____
- _____

IMPORTANT TIMES

- _____
- _____
- _____
- _____
- _____
- _____

MEAL PLANNER

BREAKFAST	
LUNCH	
DINNER	

⇢ MY GOALS ⇠

_____
_____
_____
_____
_____
_____

TODAY
I AM THANKING FOR

Daily Planner

DATE:_____

(M) (T) (W) (T) (F) (S) (S)

TO DO LIST

- _____
- _____
- _____
- _____
- _____
- _____
- _____
- _____
- _____

IMPORTANT TIMES

_____
_____
_____
_____
_____
_____

MEAL PLANNER

BREAKFAST	
LUNCH	
DINNER	

↠ MY GOALS ↞

_____
_____
_____
_____
_____
_____
_____

TODAY I AM THANKING FOR

Daily Planner

DATE:_____

(M) (T) (W) (T) (F) (S) (S)

TO DO LIST

- _____
- _____
- _____
- _____
- _____
- _____
- _____
- _____

IMPORTANT TIMES

MEAL PLANNER

BREAKFAST	
LUNCH	
DINNER	

⟩ MY GOALS ⟨

_____
_____
_____
_____
_____
_____
_____

TODAY
I AM THANKING FOR

Daily Planner

DATE:_____

Ⓜ Ⓣ Ⓦ Ⓣ Ⓕ Ⓢ Ⓢ

TO DO LIST

-
-
-
-
-
-
-
-
-

IMPORTANT TIMES

MEAL PLANNER

BREAKFAST	
LUNCH	
DINNER	

✦ MY GOALS ✦

TODAY
I AM THANKING FOR

Daily Planner

DATE:_____
(M) (T) (W) (T) (F) (S) (S)

TO DO LIST

- _____
- _____
- _____
- _____
- _____
- _____
- _____
- _____
- _____

IMPORTANT TIMES

MEAL PLANNER

BREAKFAST	
LUNCH	
DINNER	

☀ MY GOALS ☀

_____
_____
_____
_____
_____
_____
_____

TODAY
I AM THANKING FOR

Daily Planner

DATE:_____
(M) (T) (W) (T) (F) (S) (S)

TO DO LIST
- _____
- _____
- _____
- _____
- _____
- _____
- _____
- _____
- _____

IMPORTANT TIMES
. _____
. _____
. _____
. _____
. _____
. _____

MEAL PLANNER
BREAKFAST	
LUNCH	
DINNER	

➤ MY GOALS ➤
_____
_____
_____
_____
_____
_____

TODAY
I AM THANKING FOR

Daily Planner

DATE;_____

(M) (T) (W) (T) (F) (S) (S)

TO DO LIST

- ☐ _____
- ☐ _____
- ☐ _____
- ☐ _____
- ☐ _____
- ☐ _____
- ☐ _____
- ☐ _____
- ☐ _____

IMPORTANT TIMES

_____
_____
_____
_____
_____
_____

MEAL PLANNER

BREAKFAST	
LUNCH	
DINNER	

✦ MY GOALS ✦

_____
_____
_____
_____
_____
_____

TODAY
I AM THANKING FOR

Daily Planner

DATE:_____

(M) (T) (W) (T) (F) (S) (S)

TO DO LIST

- _____
- _____
- _____
- _____
- _____
- _____
- _____
- _____
- _____

IMPORTANT TIMES

MEAL PLANNER

BREAKFAST	
LUNCH	
DINNER	

✦ MY GOALS ✦

_____
_____
_____
_____
_____
_____

TODAY
I AM THANKING FOR

Daily Planner

DATE:_____

(M) (T) (W) (T) (F) (S) (S)

TO DO LIST

- _____
- _____
- _____
- _____
- _____
- _____
- _____
- _____
- _____

IMPORTANT TIMES

- _____
- _____
- _____
- _____
- _____
- _____

MEAL PLANNER

BREAKFAST	
LUNCH	
DINNER	

MY GOALS

_____
_____
_____
_____
_____
_____
_____

TODAY
I AM THANKING FOR

Daily Planner

DATE:_____

(M) (T) (W) (T) (F) (S) (S)

TO DO LIST

- ☐ _____
- ☐ _____
- ☐ _____
- ☐ _____
- ☐ _____
- ☐ _____
- ☐ _____
- ☐ _____
- ☐ _____

IMPORTANT TIMES

- • _____
- • _____
- • _____
- • _____
- • _____
- • _____

MEAL PLANNER

BREAKFAST	
LUNCH	
DINNER	

✦ MY GOALS ✦

_____
_____
_____
_____
_____
_____
_____

TODAY
I AM THANKING FOR

Daily Planner

DATE;_____

(M) (T) (W) (T) (F) (S) (S)

TO DO LIST

- _____
- _____
- _____
- _____
- _____
- _____
- _____
- _____
- _____

IMPORTANT TIMES

_____
_____
_____
_____
_____
_____

MEAL PLANNER

BREAKFAST	
LUNCH	
DINNER	

✦ MY GOALS ✦

_____
_____
_____
_____
_____
_____
_____
_____

TODAY
I AM THANKING FOR

Daily Planner

DATE:_____

(M) (T) (W) (T) (F) (S) (S)

TO DO LIST

- ☐ _____
- ☐ _____
- ☐ _____
- ☐ _____
- ☐ _____
- ☐ _____
- ☐ _____
- ☐ _____
- ☐ _____

IMPORTANT TIMES

- _____
- _____
- _____
- _____
- _____
- _____
- _____

MEAL PLANNER

BREAKFAST	
LUNCH	
DINNER	

✦ MY GOALS ✦

_____
_____
_____
_____
_____
_____
_____

TODAY
I AM THANKING FOR

Daily Planner

DATE;_____

(M) (T) (W) (T) (F) (S) (S)

TO DO LIST

- ■ _____
- ■ _____
- ■ _____
- ■ _____
- ■ _____
- ■ _____
- ■ _____
- ■ _____
- ■ _____

IMPORTANT TIMES

- •
- •
- •
- •
- •
- •

MEAL PLANNER

BREAKFAST	
LUNCH	
DINNER	

⊰ MY GOALS ⊱

_____
_____
_____
_____
_____
_____
_____

TODAY
I AM THANKING FOR

Daily Planner

DATE: _____

(M) (T) (W) (T) (F) (S) (S)

TO DO LIST

- _____
- _____
- _____
- _____
- _____
- _____
- _____
- _____
- _____

IMPORTANT TIMES

_____
_____
_____
_____
_____
_____

MEAL PLANNER

BREAKFAST	
LUNCH	
DINNER	

✦ MY GOALS ✦

_____
_____
_____
_____
_____
_____

TODAY
I AM THANKING FOR

Daily Planner

DATE:_____

Ⓜ Ⓣ Ⓦ Ⓣ Ⓕ Ⓢ Ⓢ

TO DO LIST

- ☐
- ☐
- ☐
- ☐
- ☐
- ☐
- ☐
- ☐
- ☐

IMPORTANT TIMES

MEAL PLANNER

BREAKFAST	
LUNCH	
DINNER	

✦ MY GOALS ✦

TODAY
I AM THANKING FOR

Daily Planner

DATE: _____

(M) (T) (W) (T) (F) (S) (S)

TO DO LIST

- _____
- _____
- _____
- _____
- _____
- _____
- _____
- _____
- _____

IMPORTANT TIMES

: _____
: _____
: _____
: _____
: _____
: _____

MEAL PLANNER

BREAKFAST	
LUNCH	
DINNER	

✦ MY GOALS ✦

_____
_____
_____
_____
_____
_____
_____

TODAY
I AM THANKING FOR

Daily Planner

DATE;_____

(M) (T) (W) (T) (F) (S) (S)

TO DO LIST

■ _____
■ _____
■ _____
■ _____
■ _____
■ _____
■ _____
■ _____
■ _____

IMPORTANT TIMES

- _____
- _____
- _____
- _____
- _____
- _____

MEAL PLANNER

BREAKFAST	
LUNCH	
DINNER	

❖ MY GOALS ❖

_____
_____
_____
_____
_____
_____
_____

TODAY
I AM THANKING FOR

Daily Planner

DATE:_____

(M) (T) (W) (T) (F) (S) (S)

TO DO LIST

- _____
- _____
- _____
- _____
- _____
- _____
- _____
- _____
- _____

IMPORTANT TIMES

MEAL PLANNER

BREAKFAST	
LUNCH	
DINNER	

✦ MY GOALS ✦

_____
_____
_____
_____
_____
_____

TODAY
I AM THANKING FOR

Daily Planner

DATE: _____

(M) (T) (W) (T) (F) (S) (S)

TO DO LIST

- _____
- _____
- _____
- _____
- _____
- _____
- _____
- _____
- _____

IMPORTANT TIMES

- _____
- _____
- _____
- _____
- _____
- _____

MEAL PLANNER

BREAKFAST	
LUNCH	
DINNER	

✦ MY GOALS ✦

_____
_____
_____
_____
_____
_____
_____

TODAY
I AM THANKING FOR

Daily Planner

DATE;_____

(M) (T) (W) (T) (F) (S) (S)

TO DO LIST

-
-
-
-
-
-
-
-
-

IMPORTANT TIMES

MEAL PLANNER

BREAKFAST

LUNCH

DINNER

⤜ MY GOALS ⤛

TODAY
I AM THANKING FOR

Daily Planner

DATE:_____

(M) (T) (W) (T) (F) (S) (S)

TO DO LIST

- ☐ _____
- ☐ _____
- ☐ _____
- ☐ _____
- ☐ _____
- ☐ _____
- ☐ _____
- ☐ _____
- ☐ _____

IMPORTANT TIMES

:
:
:
:
:

MEAL PLANNER

BREAKFAST	
LUNCH	
DINNER	

⤞ MY GOALS ⤝

_____
_____
_____
_____
_____
_____
_____

TODAY
I AM THANKING FOR

Daily Planner

DATE: _____

(M) (T) (W) (T) (F) (S) (S)

TO DO LIST

- _____
- _____
- _____
- _____
- _____
- _____
- _____
- _____
- _____

IMPORTANT TIMES

: _____
: _____
: _____
: _____
: _____

MEAL PLANNER

BREAKFAST	
LUNCH	
DINNER	

✦ MY GOALS ✦

_____
_____
_____
_____
_____
_____
_____

TODAY
I AM THANKING FOR

Daily Planner

DATE:_____

(M) (T) (W) (T) (F) (S) (S)

TO DO LIST

- _____
- _____
- _____
- _____
- _____
- _____
- _____
- _____
- _____
- _____

IMPORTANT TIMES

_____
_____
_____
_____
_____
_____

MEAL PLANNER

BREAKFAST	
LUNCH	
DINNER	

✦ MY GOALS ✦

_____
_____
_____
_____
_____
_____
_____

TODAY
I AM THANKING FOR

Daily Planner

DATE: _____

(M) (T) (W) (T) (F) (S) (S)

TO DO LIST

- _____
- _____
- _____
- _____
- _____
- _____
- _____
- _____
- _____

IMPORTANT TIMES

MEAL PLANNER

BREAKFAST	
LUNCH	
DINNER	

✦ MY GOALS ✦

TODAY
I AM THANKING FOR

Daily Planner

DATE;_____

(M) (T) (W) (T) (F) (S) (S)

TO DO LIST

- [ ] _____
- [ ] _____
- [ ] _____
- [ ] _____
- [ ] _____
- [ ] _____
- [ ] _____
- [ ] _____
- [ ] _____

IMPORTANT TIMES

MEAL PLANNER

BREAKFAST	
LUNCH	
DINNER	

⤙ MY GOALS ⤚

_____
_____
_____
_____
_____
_____
_____

TODAY
I AM THANKING FOR

Daily Planner

DATE: _____

(M) (T) (W) (T) (F) (S) (S)

TO DO LIST

- ▪ _____
- ▪ _____
- ▪ _____
- ▪ _____
- ▪ _____
- ▪ _____
- ▪ _____
- ▪ _____
- ▪ _____

IMPORTANT TIMES

- : _____
- : _____
- : _____
- : _____
- : _____
- : _____

MEAL PLANNER

BREAKFAST	
LUNCH	
DINNER	

⤜ MY GOALS ⤛

_____
_____
_____
_____
_____
_____
_____

TODAY
I AM THANKING FOR

Daily Planner

DATE:_____

(M) (T) (W) (T) (F) (S) (S)

TO DO LIST

- _____
- _____
- _____
- _____
- _____
- _____
- _____
- _____
- _____

IMPORTANT TIMES

_____
_____
_____
_____
_____
_____

MEAL PLANNER

BREAKFAST	
LUNCH	
DINNER	

✦ MY GOALS ✦

_____
_____
_____
_____
_____
_____
_____

TODAY
I AM THANKING FOR

Daily Planner

DATE: _____

(M) (T) (W) (T) (F) (S) (S)

TO DO LIST

- ■ _____
- ■ _____
- ■ _____
- ■ _____
- ■ _____
- ■ _____
- ■ _____
- ■ _____
- ■ _____

IMPORTANT TIMES

· _____
· _____
· _____
· _____
· _____
· _____

MEAL PLANNER

BREAKFAST	
LUNCH	
DINNER	

✦ MY GOALS ✦

_____
_____
_____
_____
_____
_____
_____

TODAY
I AM THANKING FOR

Daily Planner

DATE:_____

(M) (T) (W) (T) (F) (S) (S)

TO DO LIST

- _____
- _____
- _____
- _____
- _____
- _____
- _____
- _____
- _____

IMPORTANT TIMES

MEAL PLANNER

BREAKFAST	
LUNCH	
DINNER	

⤜ MY GOALS ⤛

_____
_____
_____
_____
_____
_____
_____

TODAY
I AM THANKING FOR

Daily Planner

DATE: _____
(M) (T) (W) (T) (F) (S) (S)

TO DO LIST

-
-
-
-
-
-
-
-
-

IMPORTANT TIMES

MEAL PLANNER

BREAKFAST	
LUNCH	
DINNER	

✦ MY GOALS ✦

TODAY
I AM THANKING FOR

Daily Planner

DATE:_____
(M) (T) (W) (T) (F) (S) (S)

TO DO LIST

- _____
- _____
- _____
- _____
- _____
- _____
- _____
- _____
- _____

IMPORTANT TIMES

MEAL PLANNER

BREAKFAST	
LUNCH	
DINNER	

⤝ MY GOALS ⤞

_____
_____
_____
_____
_____
_____
_____

TODAY
I AM THANKING FOR

Daily Planner

DATE: _____

(M) (T) (W) (T) (F) (S) (S)

TO DO LIST

- ■ _____
- ■ _____
- ■ _____
- ■ _____
- ■ _____
- ■ _____
- ■ _____
- ■ _____
- ■ _____

IMPORTANT TIMES

⋮
_____
⋮
_____
⋮
_____
⋮
_____
⋮
_____

MEAL PLANNER

BREAKFAST	
LUNCH	
DINNER	

✧ MY GOALS ✧

_____
_____
_____
_____
_____
_____

TODAY I AM THANKING FOR

Daily Planner

DATE:_____

(M) (T) (W) (T) (F) (S) (S)

TO DO LIST

- _____
- _____
- _____
- _____
- _____
- _____
- _____
- _____
- _____

IMPORTANT TIMES

- _____
- _____
- _____
- _____
- _____
- _____

MEAL PLANNER

BREAKFAST	
LUNCH	
DINNER	

⤙ MY GOALS ⤚

_____
_____
_____
_____
_____
_____

TODAY
I AM THANKING FOR

Daily Planner

DATE: _____

(M) (T) (W) (T) (F) (S) (S)

TO DO LIST

- ☐ _____
- ☐ _____
- ☐ _____
- ☐ _____
- ☐ _____
- ☐ _____
- ☐ _____
- ☐ _____

IMPORTANT TIMES

_____
_____
_____
_____
_____
_____

MEAL PLANNER

BREAKFAST	
LUNCH	
DINNER	

⤝ MY GOALS ⤞

_____
_____
_____
_____
_____
_____
_____

TODAY
I AM THANKING FOR

Daily Planner

DATE:_____

(M) (T) (W) (T) (F) (S) (S)

TO DO LIST

■ _____
■ _____
■ _____
■ _____
■ _____
■ _____
■ _____
■ _____
■ _____

IMPORTANT TIMES

MEAL PLANNER

BREAKFAST

LUNCH

DINNER

✦ MY GOALS ✦

_____
_____
_____
_____
_____
_____
_____

TODAY
I AM THANKING FOR

Daily Planner

DATE;_____

(M) (T) (W) (T) (F) (S) (S)

TO DO LIST

- ■ _____
- ■ _____
- ■ _____
- ■ _____
- ■ _____
- ■ _____
- ■ _____
- ■ _____
- ■ _____

IMPORTANT TIMES

MEAL PLANNER

BREAKFAST	
LUNCH	
DINNER	

✦ MY GOALS ✦

TODAY

I AM THANKING FOR

Daily Planner

DATE;_____

(M) (T) (W) (T) (F) (S) (S)

TO DO LIST

- ■ _____
- ■ _____
- ■ _____
- ■ _____
- ■ _____
- ■ _____
- ■ _____
- ■ _____
- ■ _____

IMPORTANT TIMES

MEAL PLANNER

BREAKFAST	
LUNCH	
DINNER	

✦ MY GOALS ✦

_____
_____
_____
_____
_____
_____
_____
_____

TODAY
I AM THANKING FOR

Daily Planner

DATE:_____

(M) (T) (W) (T) (F) (S) (S)

TO DO LIST

- ▪
- ▪
- ▪
- ▪
- ▪
- ▪
- ▪
- ▪
- ▪

⟶ MY GOALS ⟵

IMPORTANT TIMES

- •
- •
- •
- •
- •

MEAL PLANNER

BREAKFAST	
LUNCH	
DINNER	

TODAY
I AM THANKING FOR

Daily Planner

DATE:_____

M T W T F S S

TO DO LIST

- [ ] _____
- [ ] _____
- [ ] _____
- [ ] _____
- [ ] _____
- [ ] _____
- [ ] _____
- [ ] _____

IMPORTANT TIMES

_____
_____
_____
_____
_____
_____

MEAL PLANNER

BREAKFAST	
LUNCH	
DINNER	

→ MY GOALS ←

_____
_____
_____
_____
_____
_____
_____

TODAY
I AM THANKING FOR

Daily Planner

DATE: _____

(M) (T) (W) (T) (F) (S) (S)

TO DO LIST

- _____
- _____
- _____
- _____
- _____
- _____
- _____
- _____
- _____

IMPORTANT TIMES

:
:
:
:
:
:

MEAL PLANNER

BREAKFAST	
LUNCH	
DINNER	

✦ MY GOALS ✦

_____
_____
_____
_____
_____
_____

TODAY I AM THANKING FOR

Daily Planner

DATE:_____

(M) (T) (W) (T) (F) (S) (S)

TO DO LIST

- _____
- _____
- _____
- _____
- _____
- _____
- _____
- _____
- _____

IMPORTANT TIMES

MEAL PLANNER

BREAKFAST	
LUNCH	
DINNER	

⟫ MY GOALS ⟪

_____
_____
_____
_____
_____
_____
_____
_____

TODAY
I AM THANKING FOR

Daily Planner

DATE;_____

(M) (T) (W) (T) (F) (S) (S)

TO DO LIST

- ■ _____
- ■ _____
- ■ _____
- ■ _____
- ■ _____
- ■ _____
- ■ _____
- ■ _____
- ■ _____

IMPORTANT TIMES

MEAL PLANNER

BREAKFAST	
LUNCH	
DINNER	

⊹ MY GOALS ⊹

TODAY

I AM THANKING FOR

Daily Planner

DATE:_____

(M) (T) (W) (T) (F) (S) (S)

TO DO LIST

-
-
-
-
-
-
-
-

IMPORTANT TIMES

MEAL PLANNER

BREAKFAST	
LUNCH	
DINNER	

➤ MY GOALS ➤

TODAY
I AM THANKING FOR

Daily Planner

DATE: _____

(M) (T) (W) (T) (F) (S) (S)

TO DO LIST

- ☐ _____
- ☐ _____
- ☐ _____
- ☐ _____
- ☐ _____
- ☐ _____
- ☐ _____
- ☐ _____
- ☐ _____

IMPORTANT TIMES

_____
_____
_____
_____
_____
_____

MEAL PLANNER

BREAKFAST	
LUNCH	
DINNER	

✦ MY GOALS ✦

_____
_____
_____
_____
_____
_____
_____

TODAY

I AM THANKING FOR

Daily Planner

DATE:_____

(M) (T) (W) (T) (F) (S) (S)

TO DO LIST

- [ ] _____
- [ ] _____
- [ ] _____
- [ ] _____
- [ ] _____
- [ ] _____
- [ ] _____
- [ ] _____
- [ ] _____

IMPORTANT TIMES

- : _____
- : _____
- : _____
- : _____
- : _____

MEAL PLANNER

BREAKFAST	
LUNCH	
DINNER	

✦ MY GOALS ✦

_____
_____
_____
_____
_____
_____
_____

TODAY
I AM THANKING FOR

Daily Planner

DATE: _____

(M) (T) (W) (T) (F) (S) (S)

TO DO LIST

- ■ _____
- ■ _____
- ■ _____
- ■ _____
- ■ _____
- ■ _____
- ■ _____
- ■ _____
- ■ _____

IMPORTANT TIMES

MY GOALS

MEAL PLANNER

BREAKFAST	
LUNCH	
DINNER	

TODAY
I AM THANKING FOR

Daily Planner

DATE:_____

(M) (T) (W) (T) (F) (S) (S)

TO DO LIST

- ▪
- ▪
- ▪
- ▪
- ▪
- ▪
- ▪
- ▪
- ▪

IMPORTANT TIMES

MEAL PLANNER

BREAKFAST	
LUNCH	
DINNER	

➤ MY GOALS ➤

TODAY
I AM THANKING FOR

Daily Planner

DATE:_____

(M) (T) (W) (T) (F) (S) (S)

TO DO LIST

-
-
-
-
-
-
-
-

IMPORTANT TIMES

:
:
:
:
:
:

MEAL PLANNER

BREAKFAST	
LUNCH	
DINNER	

✦ MY GOALS ✦

TODAY
I AM THANKING FOR

Daily Planner

DATE: _____

(M) (T) (W) (T) (F) (S) (S)

TO DO LIST

- ◼ _____
- ◼ _____
- ◼ _____
- ◼ _____
- ◼ _____
- ◼ _____
- ◼ _____
- ◼ _____
- ◼ _____

IMPORTANT TIMES

MEAL PLANNER

BREAKFAST

LUNCH

DINNER

⫸ MY GOALS ⫷

_____
_____
_____
_____
_____
_____
_____

TODAY
I AM THANKING FOR

Daily Planner

DATE:_____

(M) (T) (W) (T) (F) (S) (S)

TO DO LIST

- _____
- _____
- _____
- _____
- _____
- _____
- _____
- _____
- _____

IMPORTANT TIMES

MEAL PLANNER

BREAKFAST

LUNCH

DINNER

MY GOALS

_____
_____
_____
_____
_____
_____

TODAY
I AM THANKING FOR

Daily Planner

DATE;_____

Ⓜ Ⓣ Ⓦ Ⓣ Ⓕ Ⓢ Ⓢ

TO DO LIST

- _____
- _____
- _____
- _____
- _____
- _____
- _____
- _____
- _____

IMPORTANT TIMES

_____
_____
_____
_____
_____
_____

MEAL PLANNER

BREAKFAST	
LUNCH	
DINNER	

⤜ MY GOALS ⤛

_____
_____
_____
_____
_____
_____
_____

TODAY
I AM THANKING FOR

Daily Planner

DATE:

(M) (T) (W) (T) (F) (S) (S)

TO DO LIST

- ☐
- ☐
- ☐
- ☐
- ☐
- ☐
- ☐
- ☐
- ☐

IMPORTANT TIMES

MEAL PLANNER

BREAKFAST	
LUNCH	
DINNER	

➤ MY GOALS ➤

TODAY
I AM THANKING FOR

Daily Planner

DATE;_____

(M) (T) (W) (T) (F) (S) (S)

TO DO LIST

■ _____
■ _____
■ _____
■ _____
■ _____
■ _____
■ _____
■ _____
■ _____

IMPORTANT TIMES

MEAL PLANNER

BREAKFAST	
LUNCH	
DINNER	

⤚ MY GOALS ⤙

_____
_____
_____
_____
_____
_____
_____

TODAY
I AM THANKING FOR

Daily Planner

DATE:_____

(M) (T) (W) (T) (F) (S) (S)

TO DO LIST

- ☐ _____
- ☐ _____
- ☐ _____
- ☐ _____
- ☐ _____
- ☐ _____
- ☐ _____
- ☐ _____
- ☐ _____

IMPORTANT TIMES

- • _____
- • _____
- • _____
- • _____
- • _____
- • _____

MEAL PLANNER

BREAKFAST	
LUNCH	
DINNER	

✦ MY GOALS ✦

_____
_____
_____
_____
_____
_____
_____

TODAY
I AM THANKING FOR

Daily Planner

DATE: _____

(M) (T) (W) (T) (F) (S) (S)

TO DO LIST

- ▪
- ▪
- ▪
- ▪
- ▪
- ▪
- ▪
- ▪
- ▪

❖ MY GOALS ❖

IMPORTANT TIMES

MEAL PLANNER

BREAKFAST	
LUNCH	
DINNER	

TODAY
I AM THANKING FOR

Daily Planner

DATE;_____

(M) (T) (W) (T) (F) (S) (S)

TO DO LIST

- ■ _____
- ■ _____
- ■ _____
- ■ _____
- ■ _____
- ■ _____
- ■ _____
- ■ _____
- ■ _____

IMPORTANT TIMES

MEAL PLANNER

BREAKFAST

LUNCH

DINNER

↦ MY GOALS ↤

_____
_____
_____
_____
_____
_____
_____

TODAY
I AM THANKING FOR

Daily Planner

DATE:_____

(M) (T) (W) (T) (F) (S) (S)

TO DO LIST

- [ ] _____
- [ ] _____
- [ ] _____
- [ ] _____
- [ ] _____
- [ ] _____
- [ ] _____
- [ ] _____
- [ ] _____

IMPORTANT TIMES

MEAL PLANNER

BREAKFAST	
LUNCH	
DINNER	

⤜ MY GOALS ⤛

_____
_____
_____
_____
_____
_____
_____

TODAY
I AM THANKING FOR

Daily Planner

DATE:_____

(M) (T) (W) (T) (F) (S) (S)

TO DO LIST

- _____
- _____
- _____
- _____
- _____
- _____
- _____
- _____
- _____

IMPORTANT TIMES

- _____
- _____
- _____
- _____
- _____

MEAL PLANNER

BREAKFAST	
LUNCH	
DINNER	

⪡ MY GOALS ⪢

_____
_____
_____
_____
_____
_____
_____

TODAY
I AM THANKING FOR

Daily Planner

DATE:

(M) (T) (W) (T) (F) (S) (S)

TO DO LIST

-
-
-
-
-
-
-
-

IMPORTANT TIMES

MEAL PLANNER

BREAKFAST	
LUNCH	
DINNER	

✧ MY GOALS ✧

TODAY
I AM THANKING FOR

Daily Planner

DATE: _____

(M) (T) (W) (T) (F) (S) (S)

TO DO LIST

- ☐ _____
- ☐ _____
- ☐ _____
- ☐ _____
- ☐ _____
- ☐ _____
- ☐ _____
- ☐ _____
- ☐ _____

IMPORTANT TIMES

- _____
- _____
- _____
- _____
- _____

MEAL PLANNER

BREAKFAST	
LUNCH	
DINNER	

✦ MY GOALS ✦

_____
_____
_____
_____
_____
_____
_____

TODAY
I AM THANKING FOR

Daily Planner

DATE:_____

Ⓜ Ⓣ Ⓦ Ⓣ Ⓕ Ⓢ Ⓢ

TO DO LIST

■ _____

■ _____

■ _____

■ _____

■ _____

■ _____

■ _____

■ _____

■ _____

IMPORTANT TIMES

MEAL PLANNER

BREAKFAST	
LUNCH	
DINNER	

✦ MY GOALS ✦

_____

_____

_____

_____

_____

_____

_____

TODAY
I AM THANKING FOR

Daily Planner

DATE:_____

(M) (T) (W) (T) (F) (S) (S)

TO DO LIST

- ■ _____
- ■ _____
- ■ _____
- ■ _____
- ■ _____
- ■ _____
- ■ _____
- ■ _____
- ■ _____

IMPORTANT TIMES

MEAL PLANNER

BREAKFAST	
LUNCH	
DINNER	

➤ MY GOALS ➤

_____
_____
_____
_____
_____
_____
_____

TODAY
I AM THANKING FOR

Daily Planner

DATE:_____

(M) (T) (W) (T) (F) (S) (S)

TO DO LIST

- _____
- _____
- _____
- _____
- _____
- _____
- _____
- _____
- _____

IMPORTANT TIMES

_____
_____
_____
_____
_____
_____

MEAL PLANNER

BREAKFAST	
LUNCH	
DINNER	

✧ MY GOALS ✧

_____
_____
_____
_____
_____
_____
_____

TODAY
I AM THANKING FOR

Daily Planner

DATE:_____

(M) (T) (W) (T) (F) (S) (S)

TO DO LIST

- ☐ _____
- ☐ _____
- ☐ _____
- ☐ _____
- ☐ _____
- ☐ _____
- ☐ _____
- ☐ _____
- ☐ _____

IMPORTANT TIMES

- · _____
- · _____
- · _____
- · _____
- · _____
- · _____

MEAL PLANNER

BREAKFAST	
LUNCH	
DINNER	

⤜ MY GOALS ⤛

_____
_____
_____
_____
_____
_____
_____

TODAY
I AM THANKING FOR

Daily Planner

DATE:_____

(M) (T) (W) (T) (F) (S) (S)

TO DO LIST

- _____
- _____
- _____
- _____
- _____
- _____
- _____
- _____
- _____

IMPORTANT TIMES

MEAL PLANNER

BREAKFAST	
LUNCH	
DINNER	

✦ MY GOALS ✦

TODAY
I AM THANKING FOR

Daily Planner

DATE:_____

(M) (T) (W) (T) (F) (S) (S)

TO DO LIST

- ◼ _____
- ◼ _____
- ◼ _____
- ◼ _____
- ◼ _____
- ◼ _____
- ◼ _____
- ◼ _____
- ◼ _____

IMPORTANT TIMES

:
:
:
:
:
:

MEAL PLANNER

BREAKFAST	
LUNCH	
DINNER	

⇥ MY GOALS ⇤

_____
_____
_____
_____
_____
_____

TODAY
I AM THANKING FOR

Daily Planner

DATE:_____

(M) (T) (W) (T) (F) (S) (S)

TO DO LIST

- ◼ _____
- ◼ _____
- ◼ _____
- ◼ _____
- ◼ _____
- ◼ _____
- ◼ _____
- ◼ _____
- ◼ _____

IMPORTANT TIMES

_____
_____
_____
_____
_____
_____

MEAL PLANNER

BREAKFAST	
LUNCH	
DINNER	

⤜ MY GOALS ⤛

_____
_____
_____
_____
_____
_____
_____

TODAY
I AM THANKING FOR

Daily Planner

DATE;_____

(M) (T) (W) (T) (F) (S) (S)

TO DO LIST

- ■ _____
- ■ _____
- ■ _____
- ■ _____
- ■ _____
- ■ _____
- ■ _____
- ■ _____
- ■ _____

IMPORTANT TIMES

MEAL PLANNER

BREAKFAST	
LUNCH	
DINNER	

⤜ MY GOALS ⤛

TODAY
I AM THANKING FOR

Daily Planner

DATE;_____

(M) (T) (W) (T) (F) (S) (S)

TO DO LIST

- ▪ _____
- ▪ _____
- ▪ _____
- ▪ _____
- ▪ _____
- ▪ _____
- ▪ _____
- ▪ _____
- ▪ _____

IMPORTANT TIMES

MEAL PLANNER

BREAKFAST	
LUNCH	
DINNER	

⭥ MY GOALS ⭤

_____
_____
_____
_____
_____
_____
_____

TODAY
I AM THANKING FOR

Daily Planner

DATE:_____

(M) (T) (W) (T) (F) (S) (S)

TO DO LIST

- _____
- _____
- _____
- _____
- _____
- _____
- _____
- _____
- _____

IMPORTANT TIMES

.
.
.
.
.
.

MEAL PLANNER

BREAKFAST	
LUNCH	
DINNER	

⇾ MY GOALS ⇽

_____
_____
_____
_____
_____
_____
_____

TODAY
I AM THANKING FOR

Daily Planner

DATE:_____
(M) (T) (W) (T) (F) (S) (S)

TO DO LIST

- _____
- _____
- _____
- _____
- _____
- _____
- _____
- _____
- _____

IMPORTANT TIMES

- _____
- _____
- _____
- _____
- _____
- _____

MEAL PLANNER

BREAKFAST	
LUNCH	
DINNER	

✦ MY GOALS ✦

_____
_____
_____
_____
_____
_____
_____

TODAY
I AM THANKING FOR

Daily Planner

DATE:_____

(M) (T) (W) (T) (F) (S) (S)

TO DO LIST

- _____
- _____
- _____
- _____
- _____
- _____
- _____
- _____
- _____

IMPORTANT TIMES

- _____
- _____
- _____
- _____
- _____
- _____

MEAL PLANNER

BREAKFAST	
LUNCH	
DINNER	

✦ MY GOALS ✦

_____
_____
_____
_____
_____
_____

TODAY
I AM THANKING FOR

Daily Planner

DATE;_____

(M) (T) (W) (T) (F) (S) (S)

TO DO LIST

- ☐ _____
- ☐ _____
- ☐ _____
- ☐ _____
- ☐ _____
- ☐ _____
- ☐ _____
- ☐ _____
- ☐ _____
- ☐ _____

IMPORTANT TIMES

MEAL PLANNER

BREAKFAST	
LUNCH	
DINNER	

⤜ MY GOALS ⤛

_____
_____
_____
_____
_____
_____
_____

TODAY
I AM THANKING FOR

Daily Planner

DATE;_____

(M) (T) (W) (T) (F) (S) (S)

TO DO LIST

- ☐ _____
- ☐ _____
- ☐ _____
- ☐ _____
- ☐ _____
- ☐ _____
- ☐ _____
- ☐ _____
- ☐ _____

IMPORTANT TIMES

- • _____
- • _____
- • _____
- • _____
- • _____
- • _____

MEAL PLANNER

BREAKFAST	
LUNCH	
DINNER	

⤞ MY GOALS ⤝

_____
_____
_____
_____
_____
_____
_____

TODAY
I AM THANKING FOR

Daily Planner

DATE;_____

(M) (T) (W) (T) (F) (S) (S)

TO DO LIST

- ▪ _____
- ▪ _____
- ▪ _____
- ▪ _____
- ▪ _____
- ▪ _____
- ▪ _____
- ▪ _____
- ▪ _____

IMPORTANT TIMES

MEAL PLANNER

BREAKFAST	
LUNCH	
DINNER	

✦ MY GOALS ✦

_____
_____
_____
_____
_____
_____
_____

TODAY
I AM THANKING FOR

Daily Planner

DATE: _____

(M) (T) (W) (T) (F) (S) (S)

TO DO LIST

- _____
- _____
- _____
- _____
- _____
- _____
- _____
- _____
- _____

IMPORTANT TIMES

_____ : _____
_____ : _____
_____ : _____
_____ : _____
_____ : _____
_____ : _____

MEAL PLANNER

BREAKFAST	
LUNCH	
DINNER	

✦ MY GOALS ✦

_____
_____
_____
_____
_____
_____

TODAY
I AM THANKING FOR

Daily Planner

DATE:_____

(M) (T) (W) (T) (F) (S) (S)

TO DO LIST

- _____
- _____
- _____
- _____
- _____
- _____
- _____
- _____
- _____

IMPORTANT TIMES

- _____
- _____
- _____
- _____
- _____
- _____

MEAL PLANNER

BREAKFAST

LUNCH

DINNER

⇢ MY GOALS ⇠

_____
_____
_____
_____
_____
_____

TODAY
I AM THANKING FOR

Daily Planner

DATE: _____

(M) (T) (W) (T) (F) (S) (S)

TO DO LIST

- ◼ _____
- ◼ _____
- ◼ _____
- ◼ _____
- ◼ _____
- ◼ _____
- ◼ _____
- ◼ _____
- ◼ _____

IMPORTANT TIMES

- • _____
- • _____
- • _____
- • _____
- • _____
- • _____

MEAL PLANNER

BREAKFAST	
LUNCH	
DINNER	

MY GOALS

_____
_____
_____
_____
_____
_____

TODAY I AM THANKING FOR

Daily Planner

DATE;_____

(M) (T) (W) (T) (F) (S) (S)

TO DO LIST

- ☐ _____
- ☐ _____
- ☐ _____
- ☐ _____
- ☐ _____
- ☐ _____
- ☐ _____
- ☐ _____
- ☐ _____
- ☐ _____

IMPORTANT TIMES

MEAL PLANNER

BREAKFAST	
LUNCH	
DINNER	

⤜ MY GOALS ⤛

TODAY
I AM THANKING FOR

Daily Planner

DATE:_____

(M) (T) (W) (T) (F) (S) (S)

TO DO LIST

- _____
- _____
- _____
- _____
- _____
- _____
- _____
- _____
- _____

IMPORTANT TIMES

MEAL PLANNER

BREAKFAST	
LUNCH	
DINNER	

⤜ MY GOALS ⤛

_____
_____
_____
_____
_____
_____

TODAY
I AM THANKING FOR

Daily Planner

DATE:_____

(M) (T) (W) (T) (F) (S) (S)

TO DO LIST

- _____
- _____
- _____
- _____
- _____
- _____
- _____
- _____
- _____

IMPORTANT TIMES

MEAL PLANNER

BREAKFAST	
LUNCH	
DINNER	

⤙ MY GOALS ⤚

_____
_____
_____
_____
_____
_____
_____

TODAY
I AM THANKING FOR

Daily Planner

DATE: _____

(M) (T) (W) (T) (F) (S) (S)

TO DO LIST

- _____
- _____
- _____
- _____
- _____
- _____
- _____
- _____
- _____

IMPORTANT TIMES

: _____
: _____
: _____
: _____
: _____
: _____

MEAL PLANNER

BREAKFAST	
LUNCH	
DINNER	

✦ MY GOALS ✦

_____
_____
_____
_____
_____
_____
_____
_____

TODAY
I AM THANKING FOR

Daily Planner

DATE;_____

(M) (T) (W) (T) (F) (S) (S)

TO DO LIST

- _____
- _____
- _____
- _____
- _____
- _____
- _____
- _____
- _____

IMPORTANT TIMES

. _____
. _____
. _____
. _____
. _____
. _____

MEAL PLANNER

BREAKFAST	
LUNCH	
DINNER	

✦ MY GOALS ✦

_____
_____
_____
_____
_____
_____

TODAY
I AM THANKING FOR

Daily Planner

DATE: _____

(M) (T) (W) (T) (F) (S) (S)

TO DO LIST

- _____
- _____
- _____
- _____
- _____
- _____
- _____
- _____
- _____

IMPORTANT TIMES

MEAL PLANNER

BREAKFAST	
LUNCH	
DINNER	

⤏ MY GOALS ⤎

_____
_____
_____
_____
_____
_____

TODAY
I AM THANKING FOR

Daily Planner

DATE: _____

(M) (T) (W) (T) (F) (S) (S)

TO DO LIST

- _____
- _____
- _____
- _____
- _____
- _____
- _____
- _____
- _____
- _____

IMPORTANT TIMES

- :
- :
- :
- :
- :
- :

MEAL PLANNER

BREAKFAST	
LUNCH	
DINNER	

✦ MY GOALS ✦

_____
_____
_____
_____
_____
_____
_____

TODAY
I AM THANKING FOR

Daily Planner

DATE;_____

(M) (T) (W) (T) (F) (S) (S)

TO DO LIST

- ▪ _____
- ▪ _____
- ▪ _____
- ▪ _____
- ▪ _____
- ▪ _____
- ▪ _____
- ▪ _____
- ▪ _____

IMPORTANT TIMES

- • _____
- • _____
- • _____
- • _____
- • _____
- • _____

MEAL PLANNER

BREAKFAST	
LUNCH	
DINNER	

❖ MY GOALS ❖

_____
_____
_____
_____
_____
_____

TODAY
I AM THANKING FOR

Daily Planner

DATE;_____

(M) (T) (W) (T) (F) (S) (S)

TO DO LIST

- ▪ _____
- ▪ _____
- ▪ _____
- ▪ _____
- ▪ _____
- ▪ _____
- ▪ _____
- ▪ _____
- ▪ _____

IMPORTANT TIMES

MEAL PLANNER

BREAKFAST	
LUNCH	
DINNER	

⟡ MY GOALS ⟡

_____
_____
_____
_____
_____
_____
_____

TODAY
I AM THANKING FOR

Daily Planner

DATE: _____

(M) (T) (W) (T) (F) (S) (S)

TO DO LIST

■ _____
■ _____
■ _____
■ _____
■ _____
■ _____
■ _____
■ _____
■ _____

IMPORTANT TIMES

- _____
- _____
- _____
- _____
- _____
- _____

MEAL PLANNER

BREAKFAST	
LUNCH	
DINNER	

✦ MY GOALS ✦

_____
_____
_____
_____
_____
_____

TODAY
I AM THANKING FOR

Daily Planner

DATE:_____

(M) (T) (W) (T) (F) (S) (S)

TO DO LIST

-
-
-
-
-
-
-
-
-
-

IMPORTANT TIMES

MEAL PLANNER

BREAKFAST	
LUNCH	
DINNER	

✦ MY GOALS ✦

TODAY
I AM THANKING FOR

Daily Planner

DATE:_____

(M) (T) (W) (T) (F) (S) (S)

TO DO LIST

- ■
- ■
- ■
- ■
- ■
- ■
- ■
- ■
- ■

IMPORTANT TIMES

MEAL PLANNER

BREAKFAST	
LUNCH	
DINNER	

✦ MY GOALS ✦

TODAY
I AM THANKING FOR

Daily Planner

DATE;_____

(M) (T) (W) (T) (F) (S) (S)

TO DO LIST

- ☐ _____
- ☐ _____
- ☐ _____
- ☐ _____
- ☐ _____
- ☐ _____
- ☐ _____
- ☐ _____
- ☐ _____

IMPORTANT TIMES

_____
_____
_____
_____
_____
_____

MEAL PLANNER

BREAKFAST	
LUNCH	
DINNER	

⟶ MY GOALS ⟵

_____
_____
_____
_____
_____
_____
_____

TODAY
I AM THANKING FOR

Daily Planner

DATE:_____

(M) (T) (W) (T) (F) (S) (S)

TO DO LIST

- _____
- _____
- _____
- _____
- _____
- _____
- _____
- _____
- _____

IMPORTANT TIMES

- _____
- _____
- _____
- _____
- _____
- _____

MEAL PLANNER

BREAKFAST	
LUNCH	
DINNER	

✦ MY GOALS ✦

_____
_____
_____
_____
_____
_____
_____

TODAY
I AM THANKING FOR

Daily Planner

DATE:_____

(M) (T) (W) (T) (F) (S) (S)

TO DO LIST

- ☐ _____
- ☐ _____
- ☐ _____
- ☐ _____
- ☐ _____
- ☐ _____
- ☐ _____
- ☐ _____
- ☐ _____

IMPORTANT TIMES

• _____
• _____
• _____
• _____
• _____

MEAL PLANNER

BREAKFAST	
LUNCH	
DINNER	

→ MY GOALS ←

_____
_____
_____
_____
_____
_____
_____

TODAY
I AM THANKING FOR

Daily Planner

DATE:_____

(M) (T) (W) (T) (F) (S) (S)

TO DO LIST

- _____
- _____
- _____
- _____
- _____
- _____
- _____
- _____
- _____

IMPORTANT TIMES

- _____
- _____
- _____
- _____
- _____
- _____

MEAL PLANNER

BREAKFAST	
LUNCH	
DINNER	

⤝ MY GOALS ⤞

_____
_____
_____
_____
_____
_____
_____

TODAY
I AM THANKING FOR

Daily Planner

DATE;_____

(M) (T) (W) (T) (F) (S) (S)

TO DO LIST

- ◼ _____
- ◼ _____
- ◼ _____
- ◼ _____
- ◼ _____
- ◼ _____
- ◼ _____
- ◼ _____
- ◼ _____

IMPORTANT TIMES

_____
_____
_____
_____
_____
_____

MEAL PLANNER

BREAKFAST	
LUNCH	
DINNER	

⤜ MY GOALS ⤛

_____
_____
_____
_____
_____
_____
_____

TODAY
I AM THANKING FOR

Daily Planner

DATE:_____

(M) (T) (W) (T) (F) (S) (S)

TO DO LIST

- _____
- _____
- _____
- _____
- _____
- _____
- _____
- _____
- _____

IMPORTANT TIMES

:
:
:
:
:
:

MEAL PLANNER

BREAKFAST	
LUNCH	
DINNER	

✦ MY GOALS ✦

_____
_____
_____
_____
_____
_____
_____

TODAY
I AM THANKING FOR

Daily Planner

DATE;_____

(M) (T) (W) (T) (F) (S) (S)

TO DO LIST

- ☐ _____
- ☐ _____
- ☐ _____
- ☐ _____
- ☐ _____
- ☐ _____
- ☐ _____
- ☐ _____
- ☐ _____

IMPORTANT TIMES

- • _____
- • _____
- • _____
- • _____
- • _____
- • _____

MEAL PLANNER

BREAKFAST	
LUNCH	
DINNER	

✦ MY GOALS ✦

_____
_____
_____
_____
_____
_____

TODAY
I AM THANKING FOR

Daily Planner

DATE:_____

(M) (T) (W) (T) (F) (S) (S)

TO DO LIST

- _____
- _____
- _____
- _____
- _____
- _____
- _____
- _____
- _____

IMPORTANT TIMES

- _____
- _____
- _____
- _____
- _____

MEAL PLANNER

BREAKFAST	
LUNCH	
DINNER	

✦ MY GOALS ✦

_____
_____
_____
_____
_____
_____
_____

TODAY
I AM THANKING FOR

Daily Planner

DATE;_____

(M) (T) (W) (T) (F) (S) (S)

TO DO LIST

- _____
- _____
- _____
- _____
- _____
- _____
- _____
- _____
- _____

IMPORTANT TIMES

_____
_____
_____
_____
_____
_____

MEAL PLANNER

BREAKFAST	
LUNCH	
DINNER	

⤜ MY GOALS ⤛

_____
_____
_____
_____
_____
_____
_____
_____

TODAY
I AM THANKING FOR

Daily Planner

DATE:_____

(M) (T) (W) (T) (F) (S) (S)

TO DO LIST

- _____
- _____
- _____
- _____
- _____
- _____
- _____
- _____
- _____

IMPORTANT TIMES

: _____
: _____
: _____
: _____
: _____
: _____

MEAL PLANNER

BREAKFAST	
LUNCH	
DINNER	

↤ MY GOALS ↦

_____
_____
_____
_____
_____
_____
_____

TODAY
I AM THANKING FOR

Daily Planner

DATE:_____

(M) (T) (W) (T) (F) (S) (S)

TO DO LIST

- _____
- _____
- _____
- _____
- _____
- _____
- _____
- _____
- _____

IMPORTANT TIMES

MEAL PLANNER

BREAKFAST	
LUNCH	
DINNER	

✦ MY GOALS ✦

_____
_____
_____
_____
_____
_____
_____

TODAY
I AM THANKING FOR

Daily Planner

DATE:_____

(M) (T) (W) (T) (F) (S) (S)

TO DO LIST

- ■ _____
- ■ _____
- ■ _____
- ■ _____
- ■ _____
- ■ _____
- ■ _____
- ■ _____
- ■ _____

IMPORTANT TIMES

MEAL PLANNER

BREAKFAST	
LUNCH	
DINNER	

⊰ MY GOALS ⊱

TODAY
I AM THANKING FOR

Daily Planner

DATE;_____

(M) (T) (W) (T) (F) (S) (S)

TO DO LIST

- _____
- _____
- _____
- _____
- _____
- _____
- _____
- _____
- _____

IMPORTANT TIMES

MEAL PLANNER

BREAKFAST	
LUNCH	
DINNER	

⤜ MY GOALS ⤛

_____
_____
_____
_____
_____
_____
_____

TODAY

I AM THANKING FOR

Daily Planner

DATE: _____

(M) (T) (W) (T) (F) (S) (S)

TO DO LIST

- _____
- _____
- _____
- _____
- _____
- _____
- _____
- _____
- _____

IMPORTANT TIMES

MEAL PLANNER

BREAKFAST	
LUNCH	
DINNER	

✦ MY GOALS ✦

_____
_____
_____
_____
_____
_____

TODAY
I AM THANKING FOR

Daily Planner

DATE;_____

(M) (T) (W) (T) (F) (S) (S)

TO DO LIST

- _____
- _____
- _____
- _____
- _____
- _____
- _____
- _____
- _____

IMPORTANT TIMES

MEAL PLANNER

BREAKFAST	
LUNCH	
DINNER	

✦ MY GOALS ✦

_____
_____
_____
_____
_____
_____
_____

TODAY
I AM THANKING FOR

Daily Planner

DATE: _____

(M) (T) (W) (T) (F) (S) (S)

TO DO LIST

- ☐ _____
- ☐ _____
- ☐ _____
- ☐ _____
- ☐ _____
- ☐ _____
- ☐ _____
- ☐ _____
- ☐ _____

IMPORTANT TIMES

- _____
- _____
- _____
- _____
- _____
- _____

MEAL PLANNER

BREAKFAST	
LUNCH	
DINNER	

⤜ MY GOALS ⤛

_____
_____
_____
_____
_____
_____
_____

TODAY
I AM THANKING FOR

Daily Planner

DATE:_____

(M) (T) (W) (T) (F) (S) (S)

TO DO LIST

- ☐ _____
- ☐ _____
- ☐ _____
- ☐ _____
- ☐ _____
- ☐ _____
- ☐ _____
- ☐ _____
- ☐ _____

IMPORTANT TIMES

_____
_____
_____
_____
_____
_____

MEAL PLANNER

BREAKFAST	
LUNCH	
DINNER	

✦ MY GOALS ✦

_____
_____
_____
_____
_____
_____
_____

TODAY
I AM THANKING FOR

Daily Planner

DATE:_____

(M) (T) (W) (T) (F) (S) (S)

TO DO LIST

- _____
- _____
- _____
- _____
- _____
- _____
- _____
- _____
- _____

IMPORTANT TIMES

. _____
. _____
. _____
. _____
. _____
. _____

MEAL PLANNER

BREAKFAST	
LUNCH	
DINNER	

✦ MY GOALS ✦

_____
_____
_____
_____
_____
_____
_____

TODAY
I AM THANKING FOR

Daily Planner

DATE;_____

(M) (T) (W) (T) (F) (S) (S)

TO DO LIST

- _____
- _____
- _____
- _____
- _____
- _____
- _____
- _____
- _____

IMPORTANT TIMES

MEAL PLANNER

BREAKFAST	
LUNCH	
DINNER	

⤞ MY GOALS ⤝

TODAY
I AM THANKING FOR

Daily Planner

DATE:_____

(M) (T) (W) (T) (F) (S) (S)

TO DO LIST

- _____
- _____
- _____
- _____
- _____
- _____
- _____
- _____
- _____

IMPORTANT TIMES

MEAL PLANNER

BREAKFAST	
LUNCH	
DINNER	

→ MY GOALS ←

_____
_____
_____
_____
_____
_____
_____

TODAY
I AM THANKING FOR

Daily Planner

DATE:_____

(M) (T) (W) (T) (F) (S) (S)

TO DO LIST

- _____
- _____
- _____
- _____
- _____
- _____
- _____
- _____

IMPORTANT TIMES

MEAL PLANNER

BREAKFAST	
LUNCH	
DINNER	

✦ MY GOALS ✦

TODAY
I AM THANKING FOR

Daily Planner

DATE: _____

(M) (T) (W) (T) (F) (S) (S)

TO DO LIST

- ▪ _____
- ▪ _____
- ▪ _____
- ▪ _____
- ▪ _____
- ▪ _____
- ▪ _____
- ▪ _____
- ▪ _____

IMPORTANT TIMES

:
:
:
:
:
:

MEAL PLANNER

BREAKFAST	
LUNCH	
DINNER	

→ MY GOALS ←

_____
_____
_____
_____
_____
_____

TODAY
I AM THANKING FOR

Daily Planner

DATE;_____

(M) (T) (W) (T) (F) (S) (S)

TO DO LIST

- ☐ _____
- ☐ _____
- ☐ _____
- ☐ _____
- ☐ _____
- ☐ _____
- ☐ _____
- ☐ _____
- ☐ _____

IMPORTANT TIMES

MEAL PLANNER

BREAKFAST	
LUNCH	
DINNER	

⇥ MY GOALS ⇤

TODAY
I AM THANKING FOR

Daily Planner

DATE:_____
M T W T F S S

TO DO LIST

- _____
- _____
- _____
- _____
- _____
- _____
- _____
- _____
- _____

IMPORTANT TIMES

MEAL PLANNER

BREAKFAST	
LUNCH	
DINNER	

✦ MY GOALS ✦

TODAY
I AM THANKING FOR

Daily Planner

DATE:_____

(M) (T) (W) (T) (F) (S) (S)

TO DO LIST

- _____
- _____
- _____
- _____
- _____
- _____
- _____
- _____
- _____

IMPORTANT TIMES

MEAL PLANNER

BREAKFAST	
LUNCH	
DINNER	

✦ MY GOALS ✦

_____
_____
_____
_____
_____
_____
_____

TODAY
I AM THANKING FOR

Daily Planner

DATE;_____

(M) (T) (W) (T) (F) (S) (S)

TO DO LIST

- ■ _____
- ■ _____
- ■ _____
- ■ _____
- ■ _____
- ■ _____
- ■ _____
- ■ _____
- ■ _____

IMPORTANT TIMES

MEAL PLANNER

BREAKFAST	
LUNCH	
DINNER	

→ MY GOALS ←

TODAY
I AM THANKING FOR

Daily Planner

DATE: _____
(M) (T) (W) (T) (F) (S) (S)

TO DO LIST

- _____
- _____
- _____
- _____
- _____
- _____
- _____
- _____
- _____

IMPORTANT TIMES

MEAL PLANNER

BREAKFAST	
LUNCH	
DINNER	

⟡ MY GOALS ⟡

_____
_____
_____
_____
_____
_____
_____

TODAY
I AM THANKING FOR

Daily Planner

DATE:

(M) (T) (W) (T) (F) (S) (S)

TO DO LIST

- ☐
- ☐
- ☐
- ☐
- ☐
- ☐
- ☐
- ☐
- ☐

IMPORTANT TIMES

MEAL PLANNER

BREAKFAST	
LUNCH	
DINNER	

⇢ MY GOALS ⇠

TODAY
I AM THANKING FOR

Daily Planner

DATE:_____

(M) (T) (W) (T) (F) (S) (S)

TO DO LIST

- _____
- _____
- _____
- _____
- _____
- _____
- _____
- _____
- _____

IMPORTANT TIMES

MEAL PLANNER

BREAKFAST	
LUNCH	
DINNER	

✧ MY GOALS ✧

_____
_____
_____
_____
_____
_____
_____

TODAY
I AM THANKING FOR

Daily Planner

DATE: _____

(M) (T) (W) (T) (F) (S) (S)

TO DO LIST

- _____
- _____
- _____
- _____
- _____
- _____
- _____
- _____
- _____

IMPORTANT TIMES

_____
_____
_____
_____
_____
_____

MEAL PLANNER

BREAKFAST	
LUNCH	
DINNER	

MY GOALS

_____
_____
_____
_____
_____
_____

TODAY
I AM THANKING FOR

Daily Planner

DATE;_____

(M) (T) (W) (T) (F) (S) (S)

TO DO LIST

- _____
- _____
- _____
- _____
- _____
- _____
- _____
- _____
- _____

IMPORTANT TIMES

-
-
-
-
-
-

MEAL PLANNER

BREAKFAST	
LUNCH	
DINNER	

✦ MY GOALS ✦

_____
_____
_____
_____
_____
_____

TODAY
I AM THANKING FOR

Daily Planner

DATE:_____

(M) (T) (W) (T) (F) (S) (S)

TO DO LIST

- _____
- _____
- _____
- _____
- _____
- _____
- _____
- _____
- _____

IMPORTANT TIMES

_____
_____
_____
_____
_____
_____

MEAL PLANNER

BREAKFAST	
LUNCH	
DINNER	

✦ MY GOALS ✦

_____
_____
_____
_____
_____
_____

TODAY
I AM THANKING FOR

Daily Planner

DATE:_____

(M) (T) (W) (T) (F) (S) (S)

TO DO LIST

- ☐ _____
- ☐ _____
- ☐ _____
- ☐ _____
- ☐ _____
- ☐ _____
- ☐ _____
- ☐ _____
- ☐ _____

IMPORTANT TIMES

MEAL PLANNER

BREAKFAST	
LUNCH	
DINNER	

✧ MY GOALS ✧

TODAY
I AM THANKING FOR

Daily Planner

DATE;_____

(M) (T) (W) (T) (F) (S) (S)

TO DO LIST

- ▪ _____
- ▪ _____
- ▪ _____
- ▪ _____
- ▪ _____
- ▪ _____
- ▪ _____
- ▪ _____
- ▪ _____

IMPORTANT TIMES

MEAL PLANNER

BREAKFAST	
LUNCH	
DINNER	

✦ MY GOALS ✦

TODAY
I AM THANKING FOR

Daily Planner

DATE:_____

(M) (T) (W) (T) (F) (S) (S)

TO DO LIST

- _____
- _____
- _____
- _____
- _____
- _____
- _____
- _____
- _____
- _____

IMPORTANT TIMES

MEAL PLANNER

BREAKFAST	
LUNCH	
DINNER	

⤝ MY GOALS ⤞

_____
_____
_____
_____
_____
_____
_____

TODAY
I AM THANKING FOR

Daily Planner

DATE:_____

(M) (T) (W) (T) (F) (S) (S)

TO DO LIST

- ☐ _____
- ☐ _____
- ☐ _____
- ☐ _____
- ☐ _____
- ☐ _____
- ☐ _____
- ☐ _____
- ☐ _____

IMPORTANT TIMES

- _____
- _____
- _____
- _____
- _____
- _____

MEAL PLANNER

BREAKFAST	
LUNCH	
DINNER	

✦ MY GOALS ✦

_____
_____
_____
_____
_____
_____

TODAY
I AM THANKING FOR

Daily Planner

DATE:_____

(M) (T) (W) (T) (F) (S) (S)

TO DO LIST

- _____
- _____
- _____
- _____
- _____
- _____
- _____
- _____
- _____

IMPORTANT TIMES

MEAL PLANNER

BREAKFAST	
LUNCH	
DINNER	

→ MY GOALS ←

TODAY
I AM THANKING FOR

Daily Planner

DATE: _____

(M) (T) (W) (T) (F) (S) (S)

TO DO LIST

- ☐ _____
- ☐ _____
- ☐ _____
- ☐ _____
- ☐ _____
- ☐ _____
- ☐ _____
- ☐ _____
- ☐ _____

IMPORTANT TIMES

- • _____
- • _____
- • _____
- • _____
- • _____

MEAL PLANNER

BREAKFAST	
LUNCH	
DINNER	

✦ MY GOALS ✦

_____
_____
_____
_____
_____
_____

TODAY
I AM THANKING FOR

Daily Planner

DATE:_____

(M) (T) (W) (T) (F) (S) (S)

TO DO LIST

- _____
- _____
- _____
- _____
- _____
- _____
- _____
- _____
- _____

IMPORTANT TIMES

- _____
- _____
- _____
- _____
- _____
- _____

MEAL PLANNER

BREAKFAST	
LUNCH	
DINNER	

⇥ MY GOALS ⇤

_____
_____
_____
_____
_____
_____
_____

TODAY
I AM THANKING FOR

Daily Planner

DATE:_____

(M) (T) (W) (T) (F) (S) (S)

TO DO LIST

- ■ _____
- ■ _____
- ■ _____
- ■ _____
- ■ _____
- ■ _____
- ■ _____
- ■ _____
- ■ _____

IMPORTANT TIMES

- • _____
- • _____
- • _____
- • _____
- • _____
- • _____

MEAL PLANNER

BREAKFAST	
LUNCH	
DINNER	

✦ MY GOALS ✦

_____
_____
_____
_____
_____
_____
_____

TODAY
I AM THANKING FOR

Daily Planner

DATE;_____

(M) (T) (W) (T) (F) (S) (S)

TO DO LIST

- _____
- _____
- _____
- _____
- _____
- _____
- _____
- _____
- _____

IMPORTANT TIMES

MEAL PLANNER

BREAKFAST	
LUNCH	
DINNER	

MY GOALS

_____
_____
_____
_____
_____
_____
_____

TODAY
I AM THANKING FOR

Daily Planner

DATE:_____

(M) (T) (W) (T) (F) (S) (S)

TO DO LIST

- _____
- _____
- _____
- _____
- _____
- _____
- _____
- _____
- _____

✦ MY GOALS ✦

_____
_____
_____
_____
_____
_____
_____

IMPORTANT TIMES

: _____
: _____
: _____
: _____
: _____
: _____

MEAL PLANNER

BREAKFAST	
LUNCH	
DINNER	

TODAY
I AM THANKING FOR

Daily Planner

DATE;_____

M T W T F S S

TO DO LIST

- ☐ _____
- ☐ _____
- ☐ _____
- ☐ _____
- ☐ _____
- ☐ _____
- ☐ _____
- ☐ _____
- ☐ _____

⤝ MY GOALS ⤞

_____
_____
_____
_____
_____
_____
_____

IMPORTANT TIMES

- • _____
- • _____
- • _____
- • _____
- • _____
- • _____

MEAL PLANNER

BREAKFAST	
LUNCH	
DINNER	

TODAY
I AM THANKING FOR

Daily Planner

DATE: _____

(M) (T) (W) (T) (F) (S) (S)

TO DO LIST

- _____
- _____
- _____
- _____
- _____
- _____
- _____
- _____
- _____
- _____

IMPORTANT TIMES

- _____
- _____
- _____
- _____
- _____
- _____

MEAL PLANNER

BREAKFAST	
LUNCH	
DINNER	

✦ MY GOALS ✦

_____
_____
_____
_____
_____
_____
_____

TODAY
I AM THANKING FOR

Daily Planner

DATE:_____

(M) (T) (W) (T) (F) (S) (S)

TO DO LIST

- ☐
- ☐
- ☐
- ☐
- ☐
- ☐
- ☐
- ☐
- ☐

IMPORTANT TIMES

MEAL PLANNER

BREAKFAST	
LUNCH	
DINNER	

✦ MY GOALS ✦

TODAY
I AM THANKING FOR

Daily Planner

DATE:_____

(M) (T) (W) (T) (F) (S) (S)

TO DO LIST

- ▪
- ▪
- ▪
- ▪
- ▪
- ▪
- ▪
- ▪
- ▪

IMPORTANT TIMES

MEAL PLANNER

BREAKFAST	
LUNCH	
DINNER	

✦ MY GOALS ✦

TODAY
I AM THANKING FOR

Daily Planner

DATE; _____

(M) (T) (W) (T) (F) (S) (S)

TO DO LIST

- ⬛ _____
- ⬛ _____
- ⬛ _____
- ⬛ _____
- ⬛ _____
- ⬛ _____
- ⬛ _____
- ⬛ _____
- ⬛ _____
- ⬛ _____

IMPORTANT TIMES

:
:
:
:
:
:

MEAL PLANNER

BREAKFAST	
LUNCH	
DINNER	

✦ MY GOALS ✦

_____
_____
_____
_____
_____
_____
_____

TODAY
I AM THANKING FOR

Daily Planner

DATE:_____

(M) (T) (W) (T) (F) (S) (S)

TO DO LIST

- _____
- _____
- _____
- _____
- _____
- _____
- _____
- _____
- _____

IMPORTANT TIMES

- _____
- _____
- _____
- _____
- _____
- _____

MEAL PLANNER

BREAKFAST	
LUNCH	
DINNER	

✦ MY GOALS ✦

_____
_____
_____
_____
_____
_____
_____

TODAY
I AM THANKING FOR

Daily Planner

DATE:_____

(M) (T) (W) (T) (F) (S) (S)

TO DO LIST

- ☐ _____
- ☐ _____
- ☐ _____
- ☐ _____
- ☐ _____
- ☐ _____
- ☐ _____
- ☐ _____
- ☐ _____

IMPORTANT TIMES

_____
_____
_____
_____
_____
_____

MEAL PLANNER

BREAKFAST	
LUNCH	
DINNER	

✦ MY GOALS ✦

_____
_____
_____
_____
_____
_____
_____

TODAY
I AM THANKING FOR

Daily Planner

DATE: _____

(M) (T) (W) (T) (F) (S) (S)

TO DO LIST

- _____
- _____
- _____
- _____
- _____
- _____
- _____
- _____
- _____

IMPORTANT TIMES

- _____
- _____
- _____
- _____
- _____

MEAL PLANNER

BREAKFAST	
LUNCH	
DINNER	

→ MY GOALS ←

_____
_____
_____
_____
_____
_____
_____

TODAY
I AM THANKING FOR

Daily Planner

DATE:_____

(M) (T) (W) (T) (F) (S) (S)

TO DO LIST

- _____
- _____
- _____
- _____
- _____
- _____
- _____
- _____
- _____
- _____

IMPORTANT TIMES

- _____
- _____
- _____
- _____
- _____
- _____

MEAL PLANNER

BREAKFAST	
LUNCH	
DINNER	

⊰ MY GOALS ⊱

_____
_____
_____
_____
_____
_____
_____

TODAY
I AM THANKING FOR

Daily Planner

DATE: _____

M T W T F S S

TO DO LIST

- ☐ _____
- ☐ _____
- ☐ _____
- ☐ _____
- ☐ _____
- ☐ _____
- ☐ _____
- ☐ _____
- ☐ _____

IMPORTANT TIMES

MEAL PLANNER

BREAKFAST	
LUNCH	
DINNER	

MY GOALS

TODAY
I AM THANKING FOR

Daily Planner

DATE:_____

(M) (T) (W) (T) (F) (S) (S)

TO DO LIST

- ☐ _____
- ☐ _____
- ☐ _____
- ☐ _____
- ☐ _____
- ☐ _____
- ☐ _____
- ☐ _____
- ☐ _____

IMPORTANT TIMES

MEAL PLANNER

BREAKFAST	
LUNCH	
DINNER	

⤞ MY GOALS ⤝

TODAY
I AM THANKING FOR

Daily Planner

DATE: _____

(M) (T) (W) (T) (F) (S) (S)

TO DO LIST

- _____
- _____
- _____
- _____
- _____
- _____
- _____
- _____
- _____

IMPORTANT TIMES

:
:
:
:
:
:

MEAL PLANNER

BREAKFAST	
LUNCH	
DINNER	

✦ MY GOALS ✦

_____
_____
_____
_____
_____
_____
_____

TODAY
I AM THANKING FOR

Daily Planner

DATE: _____

(M) (T) (W) (T) (F) (S) (S)

TO DO LIST

- _____
- _____
- _____
- _____
- _____
- _____
- _____
- _____
- _____

IMPORTANT TIMES

- _____
- _____
- _____
- _____
- _____
- _____

MEAL PLANNER

BREAKFAST	
LUNCH	
DINNER	

✦ MY GOALS ✦

_____
_____
_____
_____
_____
_____

TODAY
I AM THANKING FOR

Daily Planner

DATE:_____

(M) (T) (W) (T) (F) (S) (S)

TO DO LIST

- _____
- _____
- _____
- _____
- _____
- _____
- _____
- _____
- _____

IMPORTANT TIMES

MEAL PLANNER

BREAKFAST	
LUNCH	
DINNER	

⤞ MY GOALS ⤝

_____
_____
_____
_____
_____
_____
_____

TODAY
I AM THANKING FOR

Daily Planner

DATE:_____

(M) (T) (W) (T) (F) (S) (S)

TO DO LIST

- ☐ _____
- ☐ _____
- ☐ _____
- ☐ _____
- ☐ _____
- ☐ _____
- ☐ _____
- ☐ _____

IMPORTANT TIMES

MEAL PLANNER

BREAKFAST	
LUNCH	
DINNER	

⟡ MY GOALS ⟡

TODAY
I AM THANKING FOR

Daily Planner

DATE:_____

(M) (T) (W) (T) (F) (S) (S)

TO DO LIST

- ◼ _____
- ◼ _____
- ◼ _____
- ◼ _____
- ◼ _____
- ◼ _____
- ◼ _____
- ◼ _____
- ◼ _____

IMPORTANT TIMES

- • _____
- • _____
- • _____
- • _____
- • _____
- • _____

MEAL PLANNER

BREAKFAST	
LUNCH	
DINNER	

✦ MY GOALS ✦

_____
_____
_____
_____
_____
_____
_____

TODAY
I AM THANKING FOR

Daily Planner

DATE:_____

(M) (T) (W) (T) (F) (S) (S)

TO DO LIST

- ◼
- ◼
- ◼
- ◼
- ◼
- ◼
- ◼
- ◼
- ◼

IMPORTANT TIMES

MEAL PLANNER

BREAKFAST	
LUNCH	
DINNER	

⤙ MY GOALS ⤚

TODAY
I AM THANKING FOR

Daily Planner

DATE:_____

(M) (T) (W) (T) (F) (S) (S)

TO DO LIST

- _____
- _____
- _____
- _____
- _____
- _____
- _____
- _____
- _____

IMPORTANT TIMES

- _____
- _____
- _____
- _____
- _____
- _____

MEAL PLANNER

BREAKFAST	
LUNCH	
DINNER	

⤙ MY GOALS ⤚

_____
_____
_____
_____
_____
_____
_____
_____

TODAY
I AM THANKING FOR

Daily Planner

DATE:_____

(M) (T) (W) (T) (F) (S) (S)

TO DO LIST

- _____
- _____
- _____
- _____
- _____
- _____
- _____
- _____
- _____

IMPORTANT TIMES

MEAL PLANNER

BREAKFAST	
LUNCH	
DINNER	

☀ MY GOALS ☀

_____
_____
_____
_____
_____
_____
_____

TODAY
I AM THANKING FOR

Daily Planner

DATE:_____

(M) (T) (W) (T) (F) (S) (S)

TO DO LIST

- ☐ _____
- ☐ _____
- ☐ _____
- ☐ _____
- ☐ _____
- ☐ _____
- ☐ _____
- ☐ _____
- ☐ _____

IMPORTANT TIMES

- • _____
- • _____
- • _____
- • _____
- • _____
- • _____

MEAL PLANNER

BREAKFAST	
LUNCH	
DINNER	

✦ MY GOALS ✦

_____
_____
_____
_____
_____
_____

TODAY
I AM THANKING FOR

Daily Planner

DATE:_____

(M) (T) (W) (T) (F) (S) (S)

TO DO LIST

- _____
- _____
- _____
- _____
- _____
- _____
- _____
- _____
- _____

IMPORTANT TIMES

- _____
- _____
- _____
- _____
- _____
- _____

MEAL PLANNER

BREAKFAST	
LUNCH	
DINNER	

✦ MY GOALS ✦

_____
_____
_____
_____
_____
_____

TODAY
I AM THANKING FOR

Daily Planner

DATE:_____

(M) (T) (W) (T) (F) (S) (S)

TO DO LIST

- _____
- _____
- _____
- _____
- _____
- _____
- _____
- _____
- _____

IMPORTANT TIMES

• _____
• _____
• _____
• _____
• _____

MEAL PLANNER

BREAKFAST	
LUNCH	
DINNER	

✦ MY GOALS ✦

_____
_____
_____
_____
_____
_____

TODAY
I AM THANKING FOR

Daily Planner

DATE;_____

(M) (T) (W) (T) (F) (S) (S)

TO DO LIST

- ■ _____
- ■ _____
- ■ _____
- ■ _____
- ■ _____
- ■ _____
- ■ _____
- ■ _____
- ■ _____

IMPORTANT TIMES

MEAL PLANNER

BREAKFAST	
LUNCH	
DINNER	

✧ MY GOALS ✧

TODAY
I AM THANKING FOR

Daily Planner

DATE: _____

(M) (T) (W) (T) (F) (S) (S)

TO DO LIST

- ■ _____
- ■ _____
- ■ _____
- ■ _____
- ■ _____
- ■ _____
- ■ _____
- ■ _____
- ■ _____

IMPORTANT TIMES

- : _____
- : _____
- : _____
- : _____
- : _____
- : _____

MEAL PLANNER

BREAKFAST	
LUNCH	
DINNER	

⇥ MY GOALS ⇤

_____
_____
_____
_____
_____
_____
_____

TODAY
I AM THANKING FOR

Daily Planner

DATE:_____

(M) (T) (W) (T) (F) (S) (S)

TO DO LIST

- ▪ _____
- ▪ _____
- ▪ _____
- ▪ _____
- ▪ _____
- ▪ _____
- ▪ _____
- ▪ _____
- ▪ _____

IMPORTANT TIMES

• _____
• _____
• _____
• _____
• _____
• _____

MEAL PLANNER

BREAKFAST	
LUNCH	
DINNER	

✦ MY GOALS ✦

_____
_____
_____
_____
_____
_____
_____

TODAY
I AM THANKING FOR

Daily Planner

DATE:_____

(M) (T) (W) (T) (F) (S) (S)

TO DO LIST

- _____
- _____
- _____
- _____
- _____
- _____
- _____
- _____
- _____

IMPORTANT TIMES

MEAL PLANNER

BREAKFAST	
LUNCH	
DINNER	

⤝ MY GOALS ⤞

TODAY
I AM THANKING FOR

Daily Planner

DATE;_____

(M) (T) (W) (T) (F) (S) (S)

TO DO LIST

- ◼
- ◼
- ◼
- ◼
- ◼
- ◼
- ◼
- ◼
- ◼

IMPORTANT TIMES

MEAL PLANNER

BREAKFAST	
LUNCH	
DINNER	

✦ MY GOALS ✦

TODAY
I AM THANKING FOR

Daily Planner

DATE: _____

(M) (T) (W) (T) (F) (S) (S)

TO DO LIST

- _____
- _____
- _____
- _____
- _____
- _____
- _____
- _____
- _____

IMPORTANT TIMES

- _____
- _____
- _____
- _____
- _____
- _____

MEAL PLANNER

BREAKFAST	
LUNCH	
DINNER	

✦ MY GOALS ✦

_____
_____
_____
_____
_____
_____
_____

TODAY
I AM THANKING FOR

Daily Planner

DATE: _____

(M) (T) (W) (T) (F) (S) (S)

TO DO LIST

- _____
- _____
- _____
- _____
- _____
- _____
- _____
- _____
- _____

IMPORTANT TIMES

- _____
- _____
- _____
- _____
- _____
- _____

MEAL PLANNER

BREAKFAST	
LUNCH	
DINNER	

✦ MY GOALS ✦

_____
_____
_____
_____
_____
_____
_____

TODAY
I AM THANKING FOR

Daily Planner

DATE:_____

(M) (T) (W) (T) (F) (S) (S)

TO DO LIST

- ■ _____
- ■ _____
- ■ _____
- ■ _____
- ■ _____
- ■ _____
- ■ _____
- ■ _____
- ■ _____
- ■ _____

IMPORTANT TIMES

. _____
. _____
. _____
. _____
. _____
. _____

MEAL PLANNER

BREAKFAST	
LUNCH	
DINNER	

✦ MY GOALS ✦

_____
_____
_____
_____
_____
_____
_____

TODAY
I AM THANKING FOR

Daily Planner

DATE:_____

(M) (T) (W) (T) (F) (S) (S)

TO DO LIST

- _____
- _____
- _____
- _____
- _____
- _____
- _____
- _____
- _____

IMPORTANT TIMES

MEAL PLANNER

BREAKFAST	
LUNCH	
DINNER	

✦ MY GOALS ✦

TODAY
I AM THANKING FOR

Daily Planner

DATE: _____

(M) (T) (W) (T) (F) (S) (S)

TO DO LIST

■ _____
■ _____
■ _____
■ _____
■ _____
■ _____
■ _____
■ _____
■ _____

IMPORTANT TIMES

MEAL PLANNER

BREAKFAST

LUNCH

DINNER

✦ MY GOALS ✦

_____
_____
_____
_____
_____
_____

TODAY
I AM THANKING FOR

Daily Planner

DATE:_____

(M) (T) (W) (T) (F) (S) (S)

TO DO LIST

- _____
- _____
- _____
- _____
- _____
- _____
- _____
- _____
- _____

IMPORTANT TIMES

MEAL PLANNER

BREAKFAST	
LUNCH	
DINNER	

⤜ MY GOALS ⤛

_____
_____
_____
_____
_____
_____

TODAY
I AM THANKING FOR

Daily Planner

DATE:_____

M T W T F S S

TO DO LIST

- _____
- _____
- _____
- _____
- _____
- _____
- _____
- _____
- _____

IMPORTANT TIMES

MEAL PLANNER

BREAKFAST	
LUNCH	
DINNER	

✦ MY GOALS ✦

TODAY
I AM THANKING FOR

Daily Planner

DATE:_____

(M) (T) (W) (T) (F) (S) (S)

TO DO LIST

- _____
- _____
- _____
- _____
- _____
- _____
- _____
- _____
- _____

IMPORTANT TIMES

. _____
. _____
. _____
. _____
. _____
. _____

MEAL PLANNER

BREAKFAST	
LUNCH	
DINNER	

✦ MY GOALS ✦

_____
_____
_____
_____
_____
_____
_____

TODAY
I AM THANKING FOR

Daily Planner

DATE:_____

(M) (T) (W) (T) (F) (S) (S)

TO DO LIST

- _____
- _____
- _____
- _____
- _____
- _____
- _____
- _____
- _____

IMPORTANT TIMES

- _____
- _____
- _____
- _____
- _____
- _____

MEAL PLANNER

BREAKFAST

LUNCH

DINNER

⤙ MY GOALS ⤙

_____
_____
_____
_____
_____
_____

TODAY
I AM THANKING FOR

Daily Planner

DATE: _____

| M | T | W | T | F | S | S |

TO DO LIST

- _____
- _____
- _____
- _____
- _____
- _____
- _____
- _____
- _____

IMPORTANT TIMES

- _____
- _____
- _____
- _____
- _____
- _____

MEAL PLANNER

BREAKFAST	
LUNCH	
DINNER	

❖ MY GOALS ❖

_____
_____
_____
_____
_____
_____

TODAY
I AM THANKING FOR

Daily Planner

DATE:_____

Ⓜ Ⓣ Ⓦ Ⓣ Ⓕ Ⓢ Ⓢ

TO DO LIST

-
-
-
-
-
-
-
-
-

IMPORTANT TIMES

MEAL PLANNER

BREAKFAST	
LUNCH	
DINNER	

✦ MY GOALS ✦

TODAY
I AM THANKING FOR

Daily Planner

DATE:_____

(M) (T) (W) (T) (F) (S) (S)

TO DO LIST

- ☐ _____
- ☐ _____
- ☐ _____
- ☐ _____
- ☐ _____
- ☐ _____
- ☐ _____
- ☐ _____
- ☐ _____

IMPORTANT TIMES

MEAL PLANNER

BREAKFAST	
LUNCH	
DINNER	

⟶ MY GOALS ⟵

TODAY
I AM THANKING FOR

Daily Planner

DATE:_____

(M) (T) (W) (T) (F) (S) (S)

TO DO LIST

- ☐ _____
- ☐ _____
- ☐ _____
- ☐ _____
- ☐ _____
- ☐ _____
- ☐ _____
- ☐ _____
- ☐ _____

IMPORTANT TIMES

· _____
· _____
· _____
· _____
· _____
· _____

MEAL PLANNER

BREAKFAST	
LUNCH	
DINNER	

⤙ MY GOALS ⤚

_____
_____
_____
_____
_____
_____
_____

TODAY
I AM THANKING FOR

Daily Planner

DATE:_____

(M) (T) (W) (T) (F) (S) (S)

TO DO LIST

- ☐ _____
- ☐ _____
- ☐ _____
- ☐ _____
- ☐ _____
- ☐ _____
- ☐ _____
- ☐ _____
- ☐ _____

IMPORTANT TIMES

_____
_____
_____
_____
_____
_____

MEAL PLANNER

BREAKFAST

LUNCH

DINNER

✦ MY GOALS ✦

_____
_____
_____
_____
_____
_____
_____

TODAY
I AM THANKING FOR

Daily Planner

DATE:_____

(M) (T) (W) (T) (F) (S) (S)

TO DO LIST

- _____
- _____
- _____
- _____
- _____
- _____
- _____
- _____
- _____

IMPORTANT TIMES

·
·
·
·
·
·

MEAL PLANNER

BREAKFAST	
LUNCH	
DINNER	

✦ MY GOALS ✦

_____
_____
_____
_____
_____
_____

TODAY
I AM THANKING FOR

Daily Planner

DATE:_____

(M) (T) (W) (T) (F) (S) (S)

TO DO LIST

- _____
- _____
- _____
- _____
- _____
- _____
- _____
- _____
- _____

IMPORTANT TIMES

MEAL PLANner

BREAKFAST	
LUNCH	
DINNER	

⊰ MY GOALS ⊱

_____
_____
_____
_____
_____
_____
_____

TODAY
I AM THANKING FOR

Daily Planner

DATE: _____

(M) (T) (W) (T) (F) (S) (S)

TO DO LIST

- _____
- _____
- _____
- _____
- _____
- _____
- _____
- _____
- _____

IMPORTANT TIMES

-
-
-
-
-

MEAL PLANNER

BREAKFAST	
LUNCH	
DINNER	

→ MY GOALS ←

_____
_____
_____
_____
_____
_____
_____

TODAY
I AM THANKING FOR

Daily Planner

DATE:_____
(M) (T) (W) (T) (F) (S) (S)

TO DO LIST

- ■ _____
- ■ _____
- ■ _____
- ■ _____
- ■ _____
- ■ _____
- ■ _____
- ■ _____
- ■ _____

IMPORTANT TIMES

- _____
- _____
- _____
- _____
- _____
- _____

MEAL PLANNER

BREAKFAST	
LUNCH	
DINNER	

→ MY GOALS ←

_____
_____
_____
_____
_____
_____
_____

TODAY
I AM THANKING FOR

Daily Planner

DATE:_____

(M) (T) (W) (T) (F) (S) (S)

TO DO LIST

- ▪
- ▪
- ▪
- ▪
- ▪
- ▪
- ▪
- ▪
- ▪

IMPORTANT TIMES

MEAL PLANNER

BREAKFAST	
LUNCH	
DINNER	

⤝ MY GOALS ⤞

TODAY
I AM THANKING FOR

Daily Planner

DATE;_____

(M) (T) (W) (T) (F) (S) (S)

TO DO LIST

- [ ] _____
- [ ] _____
- [ ] _____
- [ ] _____
- [ ] _____
- [ ] _____
- [ ] _____
- [ ] _____
- [ ] _____

IMPORTANT TIMES

MEAL PLANNER

BREAKFAST	
LUNCH	
DINNER	

⤏ MY GOALS ⤎

TODAY
I AM THANKING FOR

Daily Planner

DATE:_____

(M) (T) (W) (T) (F) (S) (S)

TO DO LIST

- ☐ _____
- ☐ _____
- ☐ _____
- ☐ _____
- ☐ _____
- ☐ _____
- ☐ _____
- ☐ _____
- ☐ _____

IMPORTANT TIMES

:
:
:
:
:
:

MEAL PLANNER

BREAKFAST	
LUNCH	
DINNER	

⤙ MY GOALS ⤚

_____
_____
_____
_____
_____
_____
_____

TODAY
I AM THANKING FOR

Daily Planner

DATE;_____

(M) (T) (W) (T) (F) (S) (S)

TO DO LIST

- ☐ _____
- ☐ _____
- ☐ _____
- ☐ _____
- ☐ _____
- ☐ _____
- ☐ _____
- ☐ _____
- ☐ _____
- ☐ _____

IMPORTANT TIMES

- • _____
- • _____
- • _____
- • _____
- • _____
- • _____

MEAL PLANNER

BREAKFAST	
LUNCH	
DINNER	

✦ MY GOALS ✦

_____
_____
_____
_____
_____
_____
_____

TODAY
I AM THANKING FOR

Daily Planner

DATE: _____

(M) (T) (W) (T) (F) (S) (S)

TO DO LIST

■ _____
■ _____
■ _____
■ _____
■ _____
■ _____
■ _____
■ _____
■ _____
■ _____

⤝ MY GOALS ⤞

_____
_____
_____
_____
_____
_____
_____

IMPORTANT TIMES

• _____
• _____
• _____
• _____
• _____
• _____

MEAL PLANNER

BREAKFAST	
LUNCH	
DINNER	

TODAY
I AM THANKING FOR

Daily Planner

DATE;_____

(M) (T) (W) (T) (F) (S) (S)

TO DO LIST

-
-
-
-
-
-
-
-
-

IMPORTANT TIMES

MEAL PLANNER

BREAKFAST	
LUNCH	
DINNER	

⤝ MY GOALS ⤞

TODAY
I AM THANKING FOR

Daily Planner

DATE:_____

(M) (T) (W) (T) (F) (S) (S)

TO DO LIST

- _____
- _____
- _____
- _____
- _____
- _____
- _____
- _____
- _____

IMPORTANT TIMES

- _____
- _____
- _____
- _____
- _____

MEAL PLANNER

BREAKFAST	
LUNCH	
DINNER	

✦ MY GOALS ✦

_____
_____
_____
_____
_____
_____
_____

TODAY
I AM THANKING FOR

Daily Planner

DATE: _____

(M) (T) (W) (T) (F) (S) (S)

TO DO LIST

- _____
- _____
- _____
- _____
- _____
- _____
- _____
- _____
- _____

IMPORTANT TIMES

MEAL PLANNER

BREAKFAST	
LUNCH	
DINNER	

⤜ MY GOALS ⤛

_____
_____
_____
_____
_____
_____

TODAY
I AM THANKING FOR

Daily Planner

DATE;_____

(M) (T) (W) (T) (F) (S) (S)

TO DO LIST

- _____
- _____
- _____
- _____
- _____
- _____
- _____
- _____
- _____

IMPORTANT TIMES

- : _____
- : _____
- : _____
- : _____
- : _____
- : _____

MEAL PLANNER

BREAKFAST	
LUNCH	
DINNER	

✦ MY GOALS ✦

_____
_____
_____
_____
_____
_____

TODAY
I AM THANKING FOR

Daily Planner

DATE: _____

(M) (T) (W) (T) (F) (S) (S)

TO DO LIST

- _____
- _____
- _____
- _____
- _____
- _____
- _____
- _____
- _____

IMPORTANT TIMES

_____
_____
_____
_____
_____

MEAL PLANNER

BREAKFAST

LUNCH

DINNER

⤜ MY GOALS ⤛

_____
_____
_____
_____
_____
_____
_____

TODAY
I AM THANKING FOR

Daily Planner

DATE:

(M) (T) (W) (T) (F) (S) (S)

TO DO LIST

- ▪ _____
- ▪ _____
- ▪ _____
- ▪ _____
- ▪ _____
- ▪ _____
- ▪ _____
- ▪ _____
- ▪ _____

IMPORTANT TIMES

MEAL PLANNER

BREAKFAST	
LUNCH	
DINNER	

➤ MY GOALS ➤

_____
_____
_____
_____
_____
_____

TODAY
I AM THANKING FOR

Daily Planner

DATE:_____

(M) (T) (W) (T) (F) (S) (S)

TO DO LIST

- _____
- _____
- _____
- _____
- _____
- _____
- _____
- _____
- _____

IMPORTANT TIMES

MEAL PLANNER

BREAKFAST	
LUNCH	
DINNER	

✦ MY GOALS ✦

_____
_____
_____
_____
_____
_____

TODAY
I AM THANKING FOR

Daily Planner

DATE: _____

(M) (T) (W) (T) (F) (S) (S)

TO DO LIST

- _____
- _____
- _____
- _____
- _____
- _____
- _____
- _____
- _____

IMPORTANT TIMES

- _____
- _____
- _____
- _____
- _____
- _____

MEAL PLANNER

BREAKFAST	
LUNCH	
DINNER	

✦ MY GOALS ✦

_____
_____
_____
_____
_____
_____
_____

TODAY
I AM THANKING FOR

Daily Planner

DATE:_____

(M) (T) (W) (T) (F) (S) (S)

TO DO LIST

-
-
-
-
-
-
-
-
-

IMPORTANT TIMES

:
:
:
:
:

MEAL PLANNER

BREAKFAST	
LUNCH	
DINNER	

✦ MY GOALS ✦

TODAY
I AM THANKING FOR

Daily Planner

DATE: _____

(M) (T) (W) (T) (F) (S) (S)

TO DO LIST

- ▪ _____
- ▪ _____
- ▪ _____
- ▪ _____
- ▪ _____
- ▪ _____
- ▪ _____
- ▪ _____
- ▪ _____

IMPORTANT TIMES

- : _____
- : _____
- : _____
- : _____
- : _____
- : _____

MEAL PLANNER

BREAKFAST	
LUNCH	
DINNER	

✦ MY GOALS ✦

_____
_____
_____
_____
_____
_____
_____

TODAY
I AM THANKING FOR

Daily Planner

DATE:_____

Ⓜ Ⓣ Ⓦ Ⓣ Ⓕ Ⓢ Ⓢ

TO DO LIST

- _____
- _____
- _____
- _____
- _____
- _____
- _____
- _____
- _____

IMPORTANT TIMES

MEAL PLANNER

BREAKFAST

LUNCH

DINNER

⇾ MY GOALS ⇽

TODAY
I AM THANKING FOR

Daily Planner

DATE;_____

(M) (T) (W) (T) (F) (S) (S)

TO DO LIST

- ■ _____
- ■ _____
- ■ _____
- ■ _____
- ■ _____
- ■ _____
- ■ _____
- ■ _____
- ■ _____

IMPORTANT TIMES

MEAL PLANNER

BREAKFAST	
LUNCH	
DINNER	

→ MY GOALS ←

TODAY
I AM THANKING FOR

Lightning Source UK Ltd.
Milton Keynes UK
UKHW030714110121
376834UK00011B/1389